出众

人生进阶的技术

[加] 黄铁锋 (Brian Wong)◎著
张纯◎译

THE

CHEAT CODE

Going off Script to Get More, Go Faster, and Shortcut Your Way to Success

中信出版集团 · 北京

图书在版编目（CIP）数据

出众：人生进阶的技术 /（加）黄铁锋；张纯译
. -- 北京：中信出版社，2017.5
书名原文：The Cheat Code: Going off Script to Get More, Go Faster and Shortcut Your Way to Success
ISBN 978-7-5086-7022-5

I. ①出… II. ①黄… ②张… III. ①企业管理
IV. ①F272

中国版本图书馆CIP数据核字（2016）第279951号

出众：人生进阶的技术

著　　者：[加]黄铁锋
译　　者：张　纯
出版发行：中信出版集团股份有限公司
（北京市朝阳区惠新东街甲4号富盛大厦2座　邮编　100029）
承 印 者：北京华联印刷有限公司

开　　本：880mm×1230mm　1/32　　印　　张：8.5　　字　　数：108千字
版　　次：2017年5月第1版　　印　　次：2017年5月第1次印刷
京权图字：01-2016-6266　　广告经营许可证：京朝工商广字第8087号
书　　号：ISBN 978-7-5086-7022-5
定　　价：42.00元

献给母亲、父亲和詹森，我爱你们，正是因为有你们才有了今天的我。谢谢！

献给Kiip这个大家庭：所有Kiip的员工、投资者、客户和合作方。谢谢你们的大力支持。我期待着我们更广阔的未来。

Content
目　录

第一章　大胆前进

学习成为更勇敢的自己。

第二章 做你自己

记住你是自己最大的资本。依靠自己最强的能力，再将其磨炼至更上一层楼。

第三章 你要成为让人印象深刻的人

学习宣传的法门，建立自己的品牌，让别人注意到你和你的理念。

第四章 **做一名开拓者**

传统的智慧已死。我们有其他更好的领先于人的方式。这些技巧会帮你树立一个正确的心态，超越你的竞争者，并引领你的行业。

The Cheat Code

第一章 大胆前进

学习成为更勇敢的自己。

珍惜你所拥有的一切，然后勇往直前

这是最好的时代：到处都是机会，物质也极为丰富。互联网更为人们的生活带来了前所未有的乐趣。如今每个能买得起手机的人都可以上网，饱览其中蕴含的大量知识，而知识即力量。

21 世纪的变革为我们打开了通向知识的大门。想想吧，过去教育的高额费用阻碍了人们迈向更好的生活，但是现在我们可以免费获取知识。如果你不知道如何去做某件事，无论是编写代码，还是设计网页，无论是学习中文，还是吹奏长笛，任何一件事都可以上网自学，或者求教于千里之外的其他人。

现在你甚至不需要大学文凭也能成功。当然，有大学文凭是好的，但是现在大多数雇主关心的是能力而非学历。在所有的能力之中，聪明的雇主在意的是你做事的动机和勇气。他们寻找的是有能力、有大胆的目标和高远的志向，而且敢作敢为，能将其实现的人。诚然这个世界不是完美的，并不是每个人都能获得均等的机会。但总体来说，我们能获得的机会之多远超以往任何时代的人。我们不可能不对此心存感激。

那么我是如何培养起如此乐观的世界观的呢？在此分享一些故事吧。我的父亲生于中国内地，幼年居住在一间泥屋里。他的家庭不算富裕，但至少与其他人相比还算拥有较多的土地。父亲在 5 岁的时候，乘坐一艘渔船来到了香港。虽然他很贫穷，但仍然心怀感激，他知道自己有机会过上更好的生活。

我在位于不列颠哥伦比亚省温哥华的一个普通家庭长大，在听父母讲述他们以前的故事时也感同身受。我的父母在年轻的时候来到加拿大。他们非常勤劳也不乏勇气，从未试图走捷径。他们于职场上取得成功，家庭生活也同样幸福。他们很珍惜自己现在的生活。

那么通向幸福的顺序是怎样的呢？是先需要勇气去创造一个满意的生活，还是先有满意的生活才能获得成功所必需的勇气？

我更认同前者。积极的态度能引领成功，而不是成功使人心态乐观。我认为这对于一个想要成功的企业家来说，尤其重要。

行为心理学中提及过人不可能在恐惧的时候享受生活。大多数企业家几乎无所畏惧，因此他们一定能珍惜自己的生活，并对能从事有趣的事业而心存感激。

当你享受乐趣、珍惜生活之时，你不会忧心成败。拉迪亚德·吉卜林（Rudyard Kipling）曾在诗歌中完美地诠释道："如果你是个追梦人，不要被梦主宰；如果你是个爱思考的人，不要以思想者自居；如果你遇到骄傲和挫折，把两者当骗子看待……这个世界的一切都是你的，更重要的是，孩子，你是个顶天立地的人。"

但是首先你需要拿出勇气。如果你想追求理想，就要抛却顾虑，勇于承担风险。

从我的经历中也可以得出相同的结论。我来自普通的中产之家，获得大学商科学位，但并没有什么特殊的技能或显赫的证书：没有MBA（工商管理硕士）学位，没有银行业、广告业的受训经历或其他技能。

但我一直是一个敢作敢为的人，在19岁时就决心投身于广告业。这个行业已经拥有无数的竞争对手，甚至有很多是在我出生之前就存在的大型跨国企业。在这样的背景下，我勇敢地提出了一个全新的广告理念。

这源自一个简单的概念：人们不喜欢广告。那为什么不做一些大家喜欢的东西呢？

我从游戏中得到了启发。我想，与其发布一些大家会直接关掉或者忽略的恼人的手机广告，不如采用赠送免费礼物的方式，就像打游戏时跳出的成功提示，说明你升级了或者打败了大魔王。我们将其衍生为其他形式，比如当人们在跑步APP（应用程序）中记录一次跑步经历时给予其奖励，或从任务清单中消除一项任务记录。这诚然是一种全新的改变，但是我想实践这个想法，对我来说会有什么损失吗？没有任何损失。

正是这种无畏的精神让我在幼儿园和高中之间连跳四级，14岁时就读不列颠哥伦比亚大学，比我的同学们小四岁。为什么我会做这种看似疯狂的决定呢？这还是源自我的雄心和抱负。我已经做好早日离开校园，进入社会去实践理想的准备，而不想再在教室里蹉跎四年时光。于是我就这样做了，没有任何顾虑。如果不能成功，我至多就是从头开始罢了。

但是我成功了，而且非常成功。

在这一过程中，我发现成功和智商无关，和学历无关，和人际关系网无关，也和背后支持你的资金多寡无关。

这只取决于你。

取决于你是否能够抛却顾虑，努力奋斗，并且享受这一过程，取决于你是否能闯出去，一路勇往直前。

抛弃你的恐惧，恐惧不过是庸人自己画地为牢。

史蒂夫·乔布斯曾说："要有追随你的心与直觉的勇气，它们会指引你做真正的自己。其他一切，都是次要的。"

不要担心你做不到，而要珍视你拥有的一切，以此为起点努力。现今我们拥有的资源比自人类文明开始以来的绝大多数人都要丰富。无论身处哪个行业，你已经拥有了一个良好的开局。忘掉你的恐惧，让我们去追逐夜空中最明亮的星。

挑战自我

人们说学习游泳最好的方法就是跳进深水区，前提是有救生员值班。

自己跳进水里总归比其他人扔你下水要好得多。可惜的是，不是每个商人都能意识到这一点。过去，饮料制造商百事公司的工作环境严苛得出奇，坊间流传的话是："在百事的泳池里游泳，没有救生员看护。"下一句则是："如果你在百事的泳池里溺水了，公司会如何处理？他们只会落井下石。"换句话说，以前很多公司的成功哲学是不成功便成仁。

现在大多数雇主不再特意采用严苛的态度了，但是如果不能时不时地逼迫一下自己，在今天的竞争环境中你就很有可能落后于他人。雇主希望你每天都有新的进步，或者你应该希望雇主对你有所期望，因为没有挑战的工作是没有前途的。

如果每一件工作都得心应手，你不仅会永远止步不前，你的脑力也会因缺乏锻炼而逐渐下降。

我对此知之甚早。我比哥哥小四岁，他非常聪明且讨人喜欢，善于社交，也比我要外向得多。和他在一起，我需要展现超出实际年龄的成熟，并向他和他的朋友学习，让自己更加老练。

因为跳级的缘故，我在学校里也有同样的经历。每天和比我年长的孩子们一起上学，让我在社交和心智上都比较早熟。我一点也不介意自己不了解周遭事物，因为无论事物的本质如何，我都在学习一些以前一无所知的知识。这种感觉真的很好。

对此我的秘籍就是，即使在我没有信心时，也会展现出一副自信满满的样子。我经常会自我提醒：不管大家是否相信你的表象，你的能力其实还不够，所以多观察、少说话，尽量争取每一个机会。这是一个漫长的学习过程，有时我也难免会陷入困境。

你能从中学会谦逊，而谦逊是在你能力有所欠缺时能展现的最好的品德。它展现出的是亲切和真实，这在你强大之后也同样对你有所裨益。即使你日后成为CEO（首席执行官），你仍要在众人面前表现出一种“你们都比我强，这也是为什么公司会聘用你们，所以我在此只是抛砖引玉”的态度。大家喜欢这种态度。谁不喜欢被人尊重？最成功的领导者不仅仅在其尚需磨炼时能表现出自信，在其成功之后还要能保持谦逊。

对我来说，创建Kiip就是一次冒险，就像是在羽翼未丰时从悬崖上跳下去，一边下落，一边学习飞翔。大多数创业者也同样如此。我尚不是一个专业的广告从业者，也不知道把广告和奖励相结合的想法能否成功，因为这在当时还没有先例。

我们很快就得到了像宝洁、联合利华和麦当劳一样的广告投放大户。它们以前习惯将广告费投放在大品牌上，比如苹果和谷歌，但我们仍然很有信心。我们声称Kiip做广告的方式更巧妙，而大家也相信这一点。如果你创业的领域里遍布强大的对手，就会给人造成一种你有独特优势的印象，不然你不可能在身处劣势的情况下挤进这个行业。

自信有一部分是源于我们坚信自己的想法，我们知道现在做广告的普遍方式是错误的（因为人们不会刻意去点击手机广告），而我们想要改变它。

如果你想解决一个大家都面临的问题，你通常会得到广泛的支持。这就像是如果我宣布“我要解决交通拥堵问题”，这世上没有人会说“不用了，我就喜欢堵在路上”一样。

我就这样在大型企业的销售会议上，带着对我们事业的坚信，赢得了巨额广告投放商们最初的订单。我坚信我们的产品能够解决他们都面临的广告点击量过低的问题。

于是我如履薄冰地开始创业。归根到底，我为什么会做创业的决定？因为当逼迫自己前进时，我预想到会面临挑战。挑战自我就是我创业的原因。

当你跳入深水时，你会在不知不觉中学会游泳。

然后你就可以再次挑战更深的水域。

在关键时刻全力以赴

在创建Kiip之前，我告诫自己最重要的事就是："永远不要让自己后悔。"这也就是为什么我在大事上一直全力以赴。当然，我不可能掌控所有事情的结局，也自然经历过失败，但这无关紧要。事实上，如果你没有经历过失败，这只能说明你定的目标不够高。

如果尽了一切努力，仍然没能成功，我也不会感觉挫败，反而会把它当作一种经验。只有在不够努力的时候，你才会感觉后悔，这时你会听到内心一个恼人的声音在问："哪里出错了？"

出错的正是你自己。

你甚至可能没有重新来过的机会，因为如果你半途而废，曾给你机会的人可能不会让你再次尝试，或是托付你做任何其他事情。

就如我所说的："丈夫贵不挠，成败何足论。"成功的人即使遭遇失败，也不会屈服。

那么问题来了：谁能 7 天 24 小时不间断地保持全盛状态？

你做不到。如果你像一只发情期的老鼠一样不停燃烧自己，很快就会灯枯油尽，只等人收尸了。

在初期的几次过度消耗后我就明白自己不可能一直这样燃烧下去。那时身边的每个人都过来问我："布赖恩，你怎么可能如此精力旺盛？"我从痛苦中体会到自己无法一直如此，这不是一种可持续的状态。

我们不是超人，即使电影里的超人也有一半时间只是普通人。想想看，如果连超人都不能每时每刻全力出击，我们这些血肉之躯就更不可能做到。

虽然事实如此，但在高速运转的企业中，员工总希望自己的领导是超人，能时刻保持精力充沛。他们认为这样的领导会让大家更有信心。这是人之常情。当然一个杰出的领导者得有能力在各种场合（礼堂、会议室或自己的办公室）和团队讨论时杀伐决断。你需要表现得十分杰出，而不仅仅是假装高明，因为有才能和会表演是两回事。有才能是你对自己所做的事有全然把握，而会表演充其量只是一场伪装。

我以前曾提到过，人需要在重大时刻有卓越的表现。

在一切圆满结束之后，你可以尽情享乐，然后做个一动不动的懒鬼。即使闹铃一响再响，也要按几次暂停，继续睡觉。

我在忙碌之后最长的自我调整纪录是连续昏睡30个小时。那时我不断在美国和亚洲各地飞来飞去，如此频繁地来往于各大洲之间，以致形成了自己的时区：布赖恩的白天时间。

这种作息时间在我旅行结束之后迅速瓦解了。谢天谢地！

这不过是自然的力量温柔地告诫我说："布赖恩，你需要休息了，不然我就只能让你体会一下濒死的感觉了。如果你还想继续正常工作，现在就必须停下来。"

我遵从了这一告诫。没想到几分钟之后，我就酣畅地睡熟了。

重点是，在事关重大的时候，你需要全力以赴。同样，你需要知道自己的极限。为了你的荣耀付出努力，补充能量，或者做任何需要做的事，以便在时机到来的时候展现你的光芒。然后就彻底地安心休息，做好准备，静待时机，以图下次再战。

不要听信"在年轻时死去会留下一具漂亮的尸体"这种说法。

让我们"在苍老时死去并留下一具漂亮的尸体"。

事实是没有人可以一直保持全盛状态，即使超人也不行，我们为什么不把能量积攒到关键时刻呢？

找到你该做的事情

幸运的时候，你在办公室里就可以运筹帷幄：思考未来，洽谈贸易，完成项目。但在更多的情况下，你需要走出办公室前往其他地方。如果你真的足够幸运，工作会引领你找到应该去的地方，做应该做的事。

或者先找到你应该做的事，再让你的工作逐渐变成理想的工作。

上周，我回到温哥华去看望家人，这对我来说和其他事情一样重要。工作中的同事不断轮换，但你的家人是永远不变的。如果忘记了这一点，无论你身在何方，都会感觉漂泊无依。

但是温哥华并非工作的地方，在和家人度过了美好的家庭时光后，我搭乘红眼航班（航空公司安排的夜间定期航班）去纽约。我像平时一样在飞机上休息，以便醒来以后可以保持头脑清醒，高效地完成第二天一整天的会议。这世界上没有其他任何城市可以和纽约的繁华相比。你不用走 20 个街区，就可以遇到广告界最重要的 50 位大亨。似乎只需在城市里漫步都可以鼓舞士气，让你将梦想变成现实。

星期二，我第一次参加了纽约的互联网周。互联网周感觉就像是给学霸准备的时装周一样，只不过由大型活动、会议和广告人云集的派对代替了时装秀。活动只需着便装，日程是实时的，每年都不一样。它包罗万象，从程序式广告、跨渠道广告到改变传统商业模式，甚至可以带你去华尔街敲钟。在那里你可以和与会者交流经验。

星期三，新的一天，新的目的地。对于大多数活动来说，包括互联网周，你不需要把 5 天时间都花在那里，只需要留一天时间来参与就足够了。重要的是参与大型事件，让人们注意你，并保持这种关注度。如果你在社交或传统媒体上为众人所知，就相当于在湖面激起水花，可以起到涟漪作用。

星期三的下午，我在多伦多有一场演讲。主办方非常紧张，因为我的行程安排得太紧。我从纽约搭乘飞机赶往多伦多，希望等我抵达时他们准备的快艇可以到位。

我到港口的时候快艇的确已经备好。我一路乘风破浪，耳边风声呼啸。如果你此时从对岸用长焦镜头对准我和詹姆斯·邦德一样的豪华座驾，我得说当时我的形象还真和邦德有点像。

我在多伦多的演讲表现出色，媒体和推特（Twitter）上都有报道。然后我及时返回纽约参加一场广告界CEO的私人活动，它才是真正的重点。它并非是为了登上大众媒体，而是针对更精准的客户群。正因为活动的规模小，才大大加强了其行业相关性，排除了与此无关的参与者。

这时，人们已经会对我说："布赖恩，我前两天在其他活动上也看到你了，你无处不在啊。"

然后我坐上晚班飞机前往旧金山，利用时区之便精神饱满地参加广告科技展。这是近几年大热的活动，也和全球媒体、市场和科技界紧密相关。该展会上包括我们需要了解的现代科技，比如精简内容、装载全息虚拟现实的未来电话，还有和我的演讲相关的可穿戴科技。我的参与带来了更多的媒体报道和涟漪反应。

最后我回到多伦多。这次行程已经有点疯狂了，虽然还不能和我的真实生活相比，但也所差无几。我已经阐明了自己的观点——找到当下的实时热点，积极参与，之后再奔赴下一场活动。

当人们觉得你无处不在时，就会认为你无所不能。

当人们认为你无所不能时，这就可能成为现实。

激怒别人

我知道如何激怒他人，也经常这样做。这倒不是为了故意惹人讨厌，而是因为激怒别人有时是阐明观点的一种好方法。

当然这不是让你说什么刻薄或愚蠢的话，比如人身攻击（贬损对方的相貌或者性别），而是说当你强烈反对对方的观点时，不妨激烈地表达出来，然后顺其自然。

有些话在开始会让人感觉不快，但逐渐人们会了解你的理念和关心的事。如果你的出发点是善意的，人们会因此而尊重你，甚至会因为你敢于说出别人不敢说的话而喜欢你。喜剧演员很早就掌握了这个诀窍。

这种方法在你加上提示的时候效果更好。我说的提示是指你预先宣布要开始刺激别人，比如说“我无意冒犯，但是……”，或者“你可能不想听我说这些，但是……”，然后才开始反驳。被反驳的人能怎么做？如果他们生气了，那就是他们的错，因为你已经预先提醒他们了。当然如果他们不可理喻，你可能根本就不想和他们做生意，那就不妨如实表达你的想法。

你要做的就是表明你坚信自己的理念，而这样说只是因为你觉得对方应该知道这些内容。当人们得知我是多么真诚地想让广告变为一种选择，而不是一种侵犯他人生活的方式时，就没有人再批评我。大多数人会记得我是真正想提供给他们一些有价值的思考，从而会原谅我的出言不逊，也不会认为我的本意是想和他们争吵。

对于品牌来说也是一样。例如，苹果就是一个充满激情和真诚的品牌。所以即使他们犯错，引起用户的不满，用户也会原谅他们。如果其他品牌表现出只想赚你的钱，却犯了错，它们根本不会有翻身的机会，因为顾客和它们之间没有感情联系。

你可能还记得几年前苹果iPhone 4的天线出了严重的问题，引起了全球范围的大量投诉。更糟糕的是，苹果在开始的几个星期并没有意识到这一故障，反而造成了后续一系列新iOS系统的其他问题。

这对于其他品牌来说无异于判了死刑，但对苹果来说则不是。消费者的态度反而是："没关系，我知道你们会解决问题的。"

为什么公众会如此善解人意？部分是因为他们仍然爱戴史蒂夫·乔布斯。乔布斯从来不是这个世界上最圆滑的人（事实上，他可能才是本节里所说的以激怒别人来达到交流目的的人），但他从来不会制造出品质低劣的产品。大家知道他的过去，也熟知他的作品。正因如此，大众才能在一个客观的商业世界里，对苹果产生了品牌忠诚度，进而给它一个宝贵的机会：一个重新来过的机会。如果在你失败后能有重新再来的机会，你总会找到解决办法。

所有这些都是为了让你的企业与更宏大的概念联系起来——为大众服务，就像埃隆·马斯克所做的那样。

这首先来自你对自己的理念，以及由此构建的事业的热爱。你最想做的是在盈利的同时，做一些对大家有益的事，因为你对公众有大爱。反过来说，如果你无力修正错误，或者出于贪婪、无端地自负，认为自己能轻易地推诿责任，那我只能祝你好运。在你希望得到一个重新来过的机会之前，要先确保你值得得到这个机会。当你真的值得原谅的时候，会发现只需要直抒胸臆或坦言反对意见，你就能获得宽恕，即使这些会让人不快。

洞悉对手的恐惧

我在商界永远保持诚实和公平，不仅因为这是正确的事，而且因为这能带来成功。但我从来没有一天不想战胜对手，对手也从未有一刻不想打败我。

商业就意味着竞争，这是永恒的普世真理。

曾有人说商业的艺术和战争一样，这一说法完全准确。也许乍听起来有些残酷，但其中蕴含着达尔文式的美感。大多数情况下，在竞争市场份额时，只有更强的一方才能存活，只有更好的产品才会畅销。长期来看，这对企业和消费者都有好处。幸运的是，资本主义仍是一个优胜劣汰的精英体制。

本书始终都在介绍帮你领先于竞争者的方法，其中有一种诀窍能让你在艰难的战役中取胜：了解你的对手最怕什么。这是他们的致命弱点，也是你的取胜之道。

洞悉对手的恐惧并不容易，因为人们很善于隐藏自己的弱点。所以想要打赢这场战役，你就需要真正了解他人内心所想，而不能被表面的伪装迷惑。

不幸的是，在这个数字化的世界里，你的对手能更轻易地掩饰自己的恐惧和弱点。当通过发邮件或者短信去刺探一个直接竞争对手的弱点时，你永远不会知道他们对此作何反应。对方不会对这种试探迅速做出回应，他们会思考该如何回应。结果，你会得到一个对方深思熟虑之后的回馈（通常由他们的公关部门起草和审核），这比一个表情符号告诉你的信息多不了多少。这就给了你更多理由去直接接触对手：面对面，通过Skype视频聊天，或至少打电话进行交谈。很多人不习惯这样做，因为这让他们感觉不舒服，但是记住，成功不是轻易得来的。如果成功十分容易，很多人早就成功了。

所以忍受不适吧。登录Skype，或搭乘飞机，直面阻挡你成功的人。

人们常说“亲近你的朋友，更要靠近你的敌人”。这是因为只有当你和敌人之间的距离近了，才能易于找到他们的弱点。请相信我，不管他们有多成功，或表面上看起来多么自信，他们绝对有弱点。地球上的所有人都会有弱点。

当你洞悉他们铠甲背后的弱点后，就会更深入地了解他们，就会明确他们的动机。

你会知道他们做某些决定的原因，其中包括那些和你有利益冲突的决定。

如果他们的弱点是很难留住一个老客户，那么现在他们也许就在试图提升客户忠诚度和可持续性。当然，也可能是相反的情况：对手故意不承认或无力改变现状。无论是哪种情况，你都要仔细思索，因为他们的行为将最终形成一个套路，能揭示其真正的目的、达成目的的途径和下一步的计划。

洞悉对手弱点的捷径之一是刺探信息。试探他们，尝试问一些棘手而具体，但听起来又好像很普通的问题，比如："去年的生意是不是不太好？"或者"你们现在是不是很难留住人才？"大多数企业可能都面临同样的问题，但如果这真是对方的困境，他们会觉得你知道内情。虽然这可能会让对方发火，但不失为一个能迅速更深入了解别人的方式。

如果对方的回答简单直接，通常说明他们没有面临相关的问题，那就到此为止，另找其他方向。但如果对方语焉不详或是走另一个极端（给你大量信息），说明这正是对手的敏感之处。

敏感才好，这通常还会揭露出其他的不安全感，因为恐惧一般都集中在某些特定方面。比如如果有人因自己没有大学文凭而感觉不安，那么他们也许同时会担心自己没有能力或动力等。

当你知道别人的动机时，就能预测他们的行动，进而采取相应的防御措施从而最终打败他们。

你当然不是为了平白无故地伤害别人，也不是要走极端成为品行恶劣的人。洞悉别人的恐惧并不意味着你要恶意伤人，你可以采取善良温柔的方式，或者不再以此逼人就范，因为你已了解了需要知道的信息。

你的竞争对手可能已经对你采用了这种手段。这并不说明他们心怀恶意，而只是想取得胜利。相反，你应该感到高兴，只有打败旗鼓相当的对手，才能真正体会成功的滋味。

不仅如此，当对手察觉到了你的弱点时，这会激励你去做生命中最重要的事之一：打败他们。

如果你是战场上唯一无畏的人，你自然会取得胜利。所以去庆祝吧，你值得为自己庆贺。

不要询问别人的意见，直接宣布你的决定

在企业中或在任何情况下最好的精神操控法之一，就是在你还没做某件事之前先通知大家你要这么做。不要问其他人是否同意，只需要告诉他们你的决定，然后去做就是了。

如果你做得恰到好处，会让人感觉你处事慎重，同时不乏自信和威严。

自信地宣布一个决定感觉就是赋予了这件事合法性和有效性。大家通常会认为你是经过慎重的考虑才做了决定，会认为这个想法可能很不错，最起码会尊重你的决定。这是一种盲从，而我经常会利用这种小把戏。

这比直接开始做一件事而不预先宣布更行之有效。如果一件事出乎所有人预料，就会让人愤怒。他们会认为你不在意他们的想法，而且这不过是你一时冲动做出的决定，根本没经过考量。

我是在Kiip的董事会上学到这一点的，在那里我和一群最聪明的人共事。这些人不喜欢意外，他们有什么理由喜欢呢？没有人会愿意在没时间考虑的情况下接受一件事。所以我尽量在会议之前和他们每个人通过电话或是在下午茶间歇交流，告诉他们会议安排。所以当我宣布决策的时候，他们不会毫无准备。

我之所以尊重他们，是因为这些人值得被尊重，但是请注意，我并不是在征得他们的许可。如果他们有好的建议，我会听取。但我不是在询问建议，只是在陈述决策。

所以开董事会时，通常就是重复我已经私下告诉每个人的决策。这没有问题，每个人都感觉自己参与其中，会议也得以顺利进行。大家如果有意见，我会考虑，但是从没发生过大的意外，因为每个人都知道接下来的安排。

Kiip董事会的黄金法则就是：拒绝意外。

我在和自己的团队开会的时候也遵循这一原则。大家在会议之前就拿到了会议安排，每个人都同意这些决定，并且认为我们的计划很棒。如果有人能进一步完善它，当然更好。

去试试吧。你不需要成为CEO才能用到这种技巧。你可以和同事、客户甚至在日常生活中使用。下一次在星巴克排长队而半天不动的时候，你就可以走上前去说："抱歉，我只想很快买个东西就离开。"就这么做。他们能怎么办，叫大厦管理员吗？如果你有很好的理由，大家是会宽容的。

或者当你挤在飞机舷梯上却需要打电话，可能会打扰别人时，以足够大的声音对其中一个人解释并让其他人也能听到："抱歉！我需要用几秒钟打一个电话。"你小小的不礼貌就变成了礼貌，没有人会因此怒视你。

在我做演讲的时候，活动组织者通常会说："不要上台宣传你的公司。"我总会回答："我会简单介绍一下我的企业和工作，这是我来这里的原因，然后我会开始讲其他内容。"他们知道那时已经来不及更改我的讲稿了，木已成舟。所以我就按照准备好的稿子发言，确保发言足够精彩，让活动组织者也能满意。这比不提前告诉他我会提及自己的公司要好得多。

如果在做事之前提前告诉别人，他们在你实施时就不会感到惊讶。没有人喜欢意外，你会取得更好的结果。

即兴表演

我最宝贵的能力之一就是我可以在任何观众面前保持自信和沉稳。这是成功必备的品质，因为无论你在哪行哪业，观众无处不在：无论是在戛纳国际创意节，还是在SXSW[①]互动媒体界的舞台（或你所处行业中的相似活动）；无论是客户比稿（多家广告公司彼此竞争），还是与自己的团队开会。

在我最初掌握这项技能的时候，没想到它有一天会变得如此重要。你总会感觉新学的技能似乎没什么用处，事实上，技不压身，没有任何一个技能是全然无用的。

我从没有特意去学习商业演说，在学校里我参加大量演讲艺术课，从而不经意掌握了这项技能。这就是我习惯表演和训

① SXSW是South By Southwest（西南边的南边，是得克萨斯州的地理位置）的缩写，是每年都会在得克萨斯州举办的音乐、科技盛典。——编者注

练临场反应的方式，这就是那种一开始的时候你可能会感觉害怕（调查显示公众演讲是最常见的恐惧源之一），但最后会感觉非常有趣而且值得去做的事之一（加分项：擅长一项大家不善于做的事）。

锻炼公众演讲更好的方式是即兴或喜剧表演，即使只参与大学里面的兴趣课也有用。慢慢地，我发现自己雇用的最棒的销售人员都或多或少地参与过即兴表演。这成了我现在招聘要求中的一项，会让人看起来大不相同。

你能感觉受过即兴表演训练的销售员在会议上的与众不同：他们十分活泼且充满魅力，能与观众保持互动；他们聪明而且机敏，还能在现场临时发挥，竞争起来非常激烈。

我非常坚信表演技能有助于你临场发挥，也能让你在各种场合更好地表达自己，不论是否与商业相关。它使说服别人成为一种艺术，使交流行为成为一场流畅的舞蹈。

所有的表演（不论是在舞台上，还是会议中）从根本上来说都是一种交流，一种能让别人相信你的感知和信念的交流。换句话说，交流是让人们产生购买意愿的核心。

无论是在会议室，还是喜剧剧场，表演都是从了解你的观众开始的。你需要深入地了解观众们的所思所想，在理想的情况下，你能感觉到自己就是他们，而他们也会感觉到自己就是你。一旦你理解了他们，剩下的就简单了。简单来说，你能设身处地地从他们的角度考虑问题。

一旦你认为自己真正了解了客户，就需要通过强大的情感共鸣，比如惊喜、开心、信任和希望，把想法传递给他们，或者说让他们相信你的想法。你需要知道何时停顿、要看谁（或者不要看谁）、哪些词需要重点强调、如何做、如何假装进行眼神交流，以及何时停止说话。

最重要的是，你需要知道如何引起共鸣。表演不仅是让观众看到你的感受，还要带动他们感同身受。

有很多种方法可以做到这一点，比如辅助动作或肢体语言。这会下意识地引起观众的反应，并且能有效地让观众在留白中勾画自己的希望和梦想。

表演的核心原则是：让观众自己表演。

上台，俘获他们的心，然后退后让观众完成剩下的工作。当有人跟你说："你的产品太棒了，不需要推销就能大卖。"你就微笑着表示同意，鞠躬，然后谢幕。

之后再上台重新开始新一轮表演。演出要一直持续，这样演员也会有真实感，而不会再把它当作一场表演。

你不需要MBA

最热门的六大商学院之我见（排名从高到低）：

1. 宾夕法尼亚大学沃顿商学院
2. 哈佛商学院
3. 华盛顿大学福斯特商学院
4. 雪城大学惠特曼管理学院
5. 芝加哥大学布斯商学院
6. 摇滚校园

我只是在跟你胡说八道，但你可能直至看到摇滚校园才会发现我的恶作剧。我们就是这样被洗脑的。

现在我惹怒了每个和如上商学院有关的人，也许除了摇滚校园里的杰克·布莱克。但请让我再得寸进尺一点地说，MBA

学位大多不过是浪费金钱罢了。

大学文凭对于从事商业工作的人来说是笔非常好的投资，但是商业中的企业管理就像表演艺术或高端体育竞技，是很难教授给别人的。当然掌握相关知识在一定程度上会有帮助，但是一般来说这还是和天赋有关。

大学和MBA课程中的企业管理正是时下的热门专业。这是市场上的大量需求造成的，而不是取决于课程本身的价值。只要有学生愿意花高昂的学费来学习企业管理，学校总是乐于赚这笔钱的。

但从实际角度出发，最好的企业管理教育就是学习商科的基本课程——经济学、金融、会计、市场营销、人力资源和组织行为学，再加上一些其他技能和良好的文理科基础。

即使是学习基本课程，其结果也会因人而异。问题是商学院教育是为了培养大公司所需的模式化的毕业生，像工厂一样批量生产会计师或其他职业的从事者，不断吸纳并向大型企业输送学生。企业付给这些毕业生少量的薪水，再以10倍的价格出售他们的服务。每个人都皆大欢喜，除了那些成为银行家的学生，身负10万美元贷款，再没有机会了解自己和自己真正的理想。

很多十八九岁的学生选择商科都抱着这样一种态度："我不知道自己将来想做什么，但是我想学习金融知识，这样将来有可能成为年薪10万美元的银行家。然后我至少可以遵循银行2/4/2成功定律生活：2%的时候买进，4%的时候贷出，然后下午2点去打高尔夫。"

在青年到合法饮酒年龄之前就放弃做自己是种糟糕的度日方式（除非你生来喜欢金融或打高尔夫）。

我建议你选一所能负担得起的学校学习自己想学的知识。当然进入一所名校可能会激励你努力奋斗，但就像我在本章开篇所说的，现在你可以接触到无数免费的知识，可以自己努力学习，而不用支付一年45 000美元的学费。

你只需要专精一种技能，然后仔细思考如何利用你的技能赚到钱。

如果你认为上商学院是一种正确的选择，那么就去上吧，只是别寄希望于上了那些课程，就能成为另一个埃隆·马斯克、史蒂夫·乔布斯、谢尔盖·布林或拉里·佩奇。因为这些人已经有人在做了，你只需要做自己。

如果你有自己的想法，就能赚到足够的利润。如果你能完全做自己，那你就已经具备一个企业家的思维。你会是这个世界上独一无二的。当你成为更好的自己时，不论是否有MBA学位，都会有大量的人找上门来给你提供机会。

别把有钱有权的人当作上帝

创业者在创业之初常常会犯一个错误，他们害怕被投资人拒绝，就好像投资人掌管着通向乐土王国的钥匙。

但是投资人也不过就是普通人罢了，你越早知道这一点就越有利。

你可以这样考虑：投资人即手握资金的人，而你则是拥有创业理念的人。

如果这两者之间的交易是不公平和不对等的，那么交易就不会发生。

投资你的人并非想帮你致富，而是想为自己赚取财富，他们难道还会有其他投资理由吗？

如果你清楚这一点，在谈判或将来经营企业时，就不会对投资者卑躬屈膝，任他们为所欲为了。

在和投资者谈判的时候，你不要抱有“如果这次不能成功，就不会有下次机会”的想法。你可以把投资者当成几个竞相给你投钱的人。这并非心态傲慢，而是事实。

你也许看不清这一现实，会担心自己不值得获得这笔投资。如果你尚未准备好，就不要贸然行动，等到你真正值得获得这笔投资，或者等到你能摆脱无谓的担心，能认清自己真正的价值的时候再重整旗鼓。

现在的投资人可不止一个。所以一个投资人的拒绝并不能给你和你的企业判死刑。如果你遇到的投资人拒绝了你，还会有千万个投资人等待你去联系。

事实上，你不太可能说服遇到的第一个潜在投资人。我侥幸获得了我遇到的第一个风险投资人的投资，但这是偶然的情况。在那之后，不少投资人拒绝了我。我刚刚和一个投资人谈妥了一笔不错的交易，但在那之前，大约有 40 个投资人拒绝了同样的提案。

被拒绝并非是穷途末路，除非你自甘于此。事实上，拒绝在很多时候是好事：它能磨炼你的适应力和意志力，让你了解能从何处提高自己。

你还要知道投资人并非用自己的钱投资。不管他声称持有多少资金，与你交涉的人通常不会是最终做决定的人，他可能都不能直接向决策者汇报。

当Kiip与7个风险投资人打交道时，每一个人都掌握千万美元基金的一部分，但没有一分钱是他们自己的，他们只是基金管理者。

有些基金金额可能更庞大，以数十亿美元计。它们囊括的是众人的财富，包括比如养老基金这样的大型持股机构。

基金经理从非常宏观的角度管理这一大笔资金。他们的方式就像是："给这家公司5000万美元，那我们就完成了一个风险投资的要求，分散我们的投资，并确保这个财政年的内部投资回报率达到预期。算了，不如给它7500万美元吧。"

和你交涉的人也同样有合伙人，也许还不少，必须和他们协商。最后，有人会汇报给有限责任合伙人，如此才能做决定。

这并不意味着和你打交道的风险投资人才能平庸，或者没有职责和权限。这只是说明他不是你认为的沃伦·巴菲特，就和你一样，他也是在管理别人的钱。

这也不是说你和他的交涉就不重要，我只是想告诉你这没那么可怕，这样即使他回绝了你，也更容易接受了。

还有一个相似的技巧能减轻遭到拒绝的痛苦，即记住没人是冲着你来的。简单地说，这种回绝并非针对个人。

相反，如果他们真的针对你，那感觉就会很糟糕。

任何大权在握的商人拒绝你的情况也是如此，无论他们是投资者、潜在客户，还是老板。这和你的个人因素无关，这些人也并不是上帝。

如果你被拒绝，请微笑着回到办公室预约更多的投资人。不管投资人怎么看，你要保持信心。毕竟如果每个人都能看到商机，就没有人能发财了。

所以别介意被拒绝，你不是唯一被拒绝的人，这件事以前发生过，以后还会继续发生。回绝你的不过就是普通人，他的回绝不是上帝的裁决。

拿到高管的电话号码

读者对本节的评价可能会产生两极分化。

你要么会认为本节是本书的价值所在，要么会认为本节根本不应该出现。

我认同前者，因为我原来以为这种事根本不可能做到，现在却不断地使用这一技巧。

联系各大企业的高管时，通常会有各级别的人在中间拦路，过滤电话、邮件、短信或其他联络途径。如果你能见到想要找的高管，就可以尝试使用这种技巧——向他要电话号码。

我在参加所有会展时都会这样做，比如SXSW或电子消费展。你只需要走到某人面前，进行自我介绍，互相握手，聊几句来认识彼此。然后你可以聊聊他的活动或派对，他会告诉你即使外面有人排长队等待进场也能带你进去，紧接着你就可以问：“我应该怎么联系你？”

他们基本不会给你负责过滤来电人员的号码，因为他们不知道。这些人通常会说：“给我打电话或发短信，我的号码是……”这是他们唯一记得的电话号码——自己的号码。他们之所以说出自己的电话号码，无非是因为这是当下最方便的办法。

他们有什么理由不说出自己的电话呢？这些人感觉你没有恶意，直接拒绝你又很没礼貌，说出电话号码是最简单的解决方式。

这就是全部的秘籍。很简单，不是吗？

站在更高的角度上来说，无论你做任何事，都要先尝试最简单的办法。

别被规则束缚

在牌桌上，一群老手中最可怕的人不是那个戴着牛仔帽的，也不是晚上还戴着墨镜的，更不是穿着礼服，一手随意拿着一杯马提尼，另一手抚弄筹码的人。

最可怕的反而是不像其他人一样熟悉规则的人。

如果你之前熟读所有关于扑克的书籍，看了网上的全部教程，并向专家求教经验，然后再在牌桌上和这些老手交锋，你会血本无归。因为这些人远比你熟悉规则和惯常的套路，他们能预测你下一步会怎样做。当你按照他们的规则来参与游戏时，取胜的希望相当渺茫。

但是当你对规则一无所知时，这些老手反而会对你忌惮不已。因为他们看不透你，也无法预测你会怎样出牌。你给这个牌局带来了新的玩法，但他们并不了解。这可能很疯狂、很危险，但这也可能就是未来走向。

商业（尤其是与科技相关的领域）和打扑克很像。有一群精明能干的人整天听各种高人讲述自己的精彩创意，这群人就是竞技场中的老手。你会感觉他们听遍了所有想法，并且时刻都在算计。事实正是如此，他们熟知各种胜算可能。

你走进会议室，面对这样一群人，你会马上问自己："他们能从我身上得到什么呢？"

他们知道在演示中什么内容会出彩，也知道自己想要看到或听到什么。他们希望（同时也是他们在商场上的首要原则）让你遵守一定之规，这会让他们的工作更轻松。

但这可不会让你的工作变得轻松，这样做正中这些人的下怀。

所以秘诀就是：不要按他们的规则出牌，甚至没必要了解那些规则。

在一群商业大鳄中间最可怕的人是像我这样以一种全新方式出牌的人。我在19岁创立公司的时候正是如此，因为当时我一无所知，全部信念就是取胜。

当我19岁第一次给公司找潜在投资人的时候，我不知道应该如何去做。我想自己应该避免像一些想法很出众但不知道如何展现想法的孩子一样，至少要准备一个模型，或至少有东西能给人展示。但是由于缺少经验，我展示的不过是自己利用对HTML（超文本标记语言）的现有知识而做出的几页演示文稿。

那远不是一次圆满的展示，但仍然得到了大家的关注。他们知道我有勇气用自己的方式而不是惯用的方式去做事，也看到了我仅仅是想实现自己的想法。

因为我不墨守成规，我对产品的热情就会凸现出来。我就像是一个对自己无与伦比的想法充满激情，但对这个世界尚一无所知，也不假装自己知道的孩子。这就是关键。

对牌局中的老手来说，这让他们害怕。

对于投资人和管理者来说，这却让他们兴奋。

做最坏的设想

要抚平自己的恐惧，最简单的方式就是预想出合理状况下最坏的情况，以及应对办法。

通常情况下，即使是最坏的状况也未必意味着山穷水尽。当然这可能是一次挫折，或者会终结你热爱的事业，然而这并非世界末日。

如果你习惯无限放大问题，就好像生活要毁灭一样，你可能无法成为一个企业家，最好另寻他途。

如果你在每一次挫折中都要寻找一个完全致命的打击点，那么通常会找到它。

这可不单单适用于你的生意。如果你认为和男（女）朋友分手就意味着今生恋爱无望，就是在设定一个自我实现的预言。当出现问题时，你不妨做个深呼吸，评估一下自己的损失，然后意识到可以忍受这些困难。

毕竟事情还有可能更糟。

你还会有其他机会吗？当然，还有大把的机会等着你！

大家时刻都在经历失败，几乎所有企业家和绝大部分人都至少经历过和成功一样多的失败。托马斯·爱迪生曾经说自己找到了1000多种不能做出灯泡的方法。他不仅是在表达谦虚，还是为自己能有足够的坚韧和能力经受住那么多次的失败而骄傲。

他并没有为自己没发明出灯泡找1000个借口。他没兴趣，也不需要找借口。

但是他找到了原因。每一个失败的原因都可以排除一个无效的方法，从而让他离成功更近。

无论这个借口是否成立，给自己找借口这件事本身就说明你没有创业精神，这其实是一种让自己泄气的方式。这种自我打击的内容和方式本身就足以让你无缘成为一个企业家。

而解决这种自寻烦恼的问题的办法很简单，无非就是问问自己："如果失败了，最坏能怎么样？"

一个有创业精神的人能认识到，哪怕是最坏的情况，事情也不一定没有转机。

当然，你可能会失去一份合同、一份工作、公司、房产、存款和其他人的尊重。这诚然很糟糕，但是生活还会继续。

有些人只要知道生活还会继续、还有机会就足够了。

但有些人做不到。

如果你做不到，你就不适合创业。

事实上，如果当你面对失败和恐惧时不能向前看，会让你在经济、感情、社交和心理等各个方面备受折磨。

如果你败走麦城，就另寻他路。找到方向之后，就问问自己："如果要前行，最坏能怎么样？"

然后就大步前进吧！

The
Cheat Code

第二章
做你自己

记住你是自己最大的资本。依靠自己最强的能力，再将其磨炼至更上一层楼。

不要推销你的企业，推销你自己

我参加了SXSW大会，一个对于新兴科技和创业公司来说相当于奥斯卡一样的盛会。我的声音听起来介于狂妄自负和富有激情之间。因为在过去的50个小时里，我在在场的5.1万人中新认识了500人，他们全都非常有趣。这些人代表着商业的未来，这也就意味着他们与我的未来息息相关。SXSW对于想引领变革，而非盲从的企业家来说是不可错过的社交机会。

SXSW大会的重要性就相当于达沃斯世界经济论坛之于学者。

想象一下上千家世人瞩目的创业公司的主要经营者汇聚一堂，共襄盛会。你没有时间保持沉默，需要时刻推销自己，但是利用SXSW这种盛会的最佳方式不是宣传你的企业，而是推销你自己。

服务于某家公司的员工会将公司当作自己的品牌，所以在像谷歌这样的大企业中工作是有优势的。你可以这样介绍自己："你好，我是约翰·史密斯，在谷歌工作。"人们的反应会是："哦！谷歌啊！很高兴认识你！久仰大名！"

但你的企业不太会是你的主打品牌，主打品牌应该是你自己。不要忘记这一点，也不要不好意思。每个人都想加入一个团队，尤其是像谷歌一样的明星团队，但是你要知道人们时刻在更换团队（或者工作），你离开谷歌以后仍然是同样的自己。

所以你时刻推销的正应该是你自己。

如果你环顾四周，会看到聪明的人在这种宝贵的社交场合都是在推销自己。他们是在和别人建立联系，而非做生意。即使能够谈成生意，也是后面的事。

人们会提及自己从事的行业、哪家公司被注资多少等，但真正的谈话内容永远是同样的两个主题：你和你的聊天对象。

换句话说，你的目标应该是让人给你投资，而不是投资你的项目。因为聪明人从来不因一个项目而投入自己的时间、金钱和名誉，重要的是个人。

还有，如果你展示自我，让别人看到你的个人魅力，而不只是作为公司的衍生品或者代表，你就更有机会遇到正确的人。

我在几年前的SXSW大会上，就是这样遇到了Mashable的CEO皮特·凯什摩尔。我参加了Mashable的派对，一个同时认识我们两人的朋友介绍说："皮特，来认识一下布赖恩。布赖恩，这是皮特。"非常简单，没有任何目的。我们对彼此都缺乏了解，但是我们发现对方都刚建立了新公司，这就是个很容易聊到一起的话题。

那时，皮特和我都没有想过我们很快会位列《福布斯》30位30岁以下创业者榜单（一个表彰最杰出的商界青年的排行榜），也没有想过皮特会上榜2012年《时代周刊》最具影响力的100人。我们会面不是为了探讨将来的方向，或者之后可以如何在生意场上互助，而是两个有着相同爱好的年轻人相互加深一点了解而已。

想想看这样的关系和一上来就宣扬自己有一个绝妙的创业理念"优步递送比萨"的区别。那样的话，你们的关系仅限于这个理念，当这一理念消失后，你们的关系也随之完结。

实际上，没人在意你在做什么、你有多少投资，或你最新成交的生意。别人为什么要关心这些？在SXSW这种地方，你的企业只是众多新兴企业中的一个。

就是说没人在意你，除非你给他们一个在意的理由：你的个人魅力。换句话说，如果你想建立真正的关系，就需要超越表面上那些成交纪录、头衔和功绩（就像新闻快讯，人们一眼就会扫过这些消息），而展示真实的自我。

所以你不要一脸傲慢地出席SXSW这样的大会，或者你所在行业的任何重要集会。你应该感恩有这样的机会可以出席这种盛会，去学习和成长，去结交出色的朋友。

这有可能会在对的时间、地点带来对的人，而只有这些联系才能最终为你带来成功的机会。

这里的关键词是“最终”。我很少会和自己刚认识的人做生意，而会等到正确的时机。与此同时，我会不断深化这段关系，我还没有和皮特·凯什摩尔做过任何生意，但是将来也许会。

重点是，随着时间的流逝，真正的关系会为你的企业带来价值，为你的生活带来友谊。这也许会开始于你再次在会议、派对或者其他业内活动见到他们的时候。你们就会像老朋友一样，因为你们是因为互相尊重、喜欢对方这一正确的理由认识彼此的，而不是想从对方身上获利。

真正有价值的友谊会从不刻意强求开始，向人们展示你自己，向其他人学习。

我发现如果你向他人寻求建议，他们会以金钱回应你；而如果你向别人要钱，你只会得到建议。但是你在商场上的地位越高，你的关系就与金钱因素越不相关，而取决于别人是否乐于与你相处。

成为大家喜欢的对象感觉真的很好。我几年前在SXSW有过这种体验。Kiip和客户DDP（Decentralized Dance Party）共同举办了一场别开生面的派对。DDP在全世界举办这些精彩的活动，这些活动远远值回票价，会让你一直铭记。毕竟难忘的回忆才是最难能可贵的。我们在奥斯汀的DDP派对通过iPod无线广播同步给200个立体声扬声器，最后衍变成全市大游行。那真的非常壮观，每个人都在谈论这件事，至少有1000人参加了该活动。当人们得知Kiip是活动主办方时，没有人会来问我：“你们公司是做什么的？”

每个人都只想认识引领这次游行的人。

点亮你的光环

我上大学第一天就遇到了难题。我入学时14岁，几乎比所有不列颠哥伦比亚大学的同学都要小，我得仔细考虑如何介绍自己。我可以表现得像一个有幸进入该所大学的年轻、缺乏安全感、内向的少年，或者像一个年轻、自信、外向的少年。

问题是在MBTI测试（迈尔斯—布里格斯性格测试）中，我的指数是55%外向、45%内向，所以我告诉大家我是一个内向的外向者（很多人高声附和：我们也是）。

我在彼时就知道，你给人留下的第一印象将会在后来很长一段时间影响别人对你的看法，尤其是当你留下的是负面印象的时候。如果你开始表现得不合群或者爱抱怨，后面就很难改变这种印象了。

但不管MBTI测试评价如何，我在当时的选择是不由自主的，因为能结识这些同学，我实在太高兴了。虽然因为跳级的原因，我总是和聪明年长的孩子来往，但是不列颠哥伦比亚的学生，尤其是商科专业同学的聪慧和有趣达到了一个新的高度。

所以我情不自禁地露出灿烂的笑容，和每个人打招呼。

笑容的力量是无比强大的！它可以平复愤怒，拉近距离，让尴尬变为有趣，使陌生人成为朋友。

笑容就像是你脸上绽放的阳光。它能点亮你，也能照耀你与之微笑的其他人。一个重要的经验是，好的印象并非取决于别人对你的感受如何，而取决于别人在你身边时他自身的感受。

我和别人交谈后就算不记得谈话内容，也总能记住自己的感觉。如果别人在你身边感觉开心快乐，那就是你能给人留下的最好印象了。

微笑能制造一种“晕轮效应”，即在第一印象中让别人发现喜欢你而非警惕你的理由。当别人喜欢你的时候，机会之门就打开了。

你可以面带微笑或面无表情地对别人说同样一番话，得到的回应会截然不同。

心理学中甚至有理论证明微笑能使你感觉快乐，就像你因为感觉快乐而微笑一样。

在不列颠哥伦比亚大学，尽管我年纪尚轻，晕轮效应却让我广受欢迎，我甚至因此入选学生会，虽然大多数人并不知道我的信念是什么。

晕轮效应在商业中同样有效。我加入的第一家公司是掘客（Digg，新闻聚合类公司）。在这份工作中，我同样会非常热情地和每个人打招呼，产生了同样神奇的效果。

思考一下：当你和别人打交道时，不是一样的吗？如果别人友善地对待你，你就更容易相信他们。你不会去防备他们，而会给他们机会。

在现今的社会，良好的声誉最初来源于别人对你的评论，比如："布赖恩，我认识他。他人很好，总是面带笑容。"

你可能在想，"人很好"具体指的是什么意思。其实这完全取决于聆听者（诀窍的关键是人们在找各种理由喜欢你）。如果有人听说你是个好人，他们自己就会在心里补全好人的定义：忠诚、聪慧、善良、有趣。

每一次别人对你的评论都会让你的光环更加明亮。随着你声名远扬，人们会不断听到对你相似的正面评论。此时你的光环就将变成一个力场，能抵御任何负面评价。

好消息是光环已经挂在你的脸上，所以点亮它吧，点亮你身边的人，然后静待佳音！

了解你的超能力

在如此年轻的时候进入商界让我明白了一个道理：不管你是谁，在哪个行业，都具有某种超能力。我说的超能力是指你比大多数人都擅长做某件事，不利用它就太傻了。

如果我是你的面试官，我就会问："你的超能力是什么？"

我的超能力是非常擅长引起别人对某件事物的兴趣。这就是我的工作，我热爱它。也可以说正因为我热爱它，所以它才成了我的工作。两种说法都对。

我坐着和你聊天，只需要通过描述某件事物和我的相关感受，就足以让你对这件事物产生兴趣。这是一种可以传递的兴奋感，你就会不由自主地说："哇，这太棒了！"

我甚至在不需要这么做的时候，也会如此，没办法，我本性如此，所以我知道这就是自己的超能力。

那么你的超能力是什么?

你可能已经知道它是什么了。如果你心存犹豫，那也许是因为在我们的时代，人们常带有虚伪的谦虚，而你不想显得自大。但自信的人并非自大，他们也不需要自大。

不要害怕找到并说出你的超能力，大家不会介意的，我们都在尽可能地寻找所有能找到的帮助。

我是从母亲那里发觉自己第一个超能力的。那是在我幼年打冰球的时候，母亲带我去练习，并在一旁帮我分析优势和弱势。她教会我如何加强自己的优势，使之变成真正的超能力，并规避自己的弱势。

在最初几年，我几乎能与任何人一较高下，之后其他人身高渐长，身体也更加壮硕，而我的个子却还是很普通。母亲说："你的新优势就是速度、灵活、智慧。"

其实那不是主流打法，但它能让我持续比赛，同时也给我上了重要的一课：不要试图改变你的弱势，而要增强你的优势，使之进化为超能力。

这一经验在我之后的道路上也一直发挥作用。没过多久，我就不再打冰球了，并试图寻找其他爱好和擅长之事，然后发现自己精通计算机而且善于设计。于是我就下载了一个图片设计软件，并立刻开始自学。

要记得，我们生活在一个自学的黄金时代。你不需要某种证书或者学位才能了解一件事，只需要一点天分和意愿去尝试。

我的设计能力逐渐完善，但作品尚不完美。我一直在不断尝试，但发现这是个巨大的错误。我在头两家公司做了大量设计工作，也为自己的能力自豪。直到我遇到现在的一个合伙人——在Sequence 这家热门设计公司工作的交互设计师阿马迪厄斯 · 德玛兹。他的才能让我吃惊，设计真的是他的超能力。就在那时我才意识到了设计并非我的超能力，所以我告诉他："你来负责设计，我来构建公司的业务部分。"

这是个轻松的决定，而且成为我最好的决定之一。这里给你的启示是：当你按照不同的能力来给人分工时，奇迹很快就会出现。

你不需要擅长做每一件事。精通某项能力的人通常在另一些事物上会有严重的缺陷，这就是大脑的工作方式。想想医生和工程师糟糕的笔迹吧，他们虽然字迹潦草，但是长于长期记忆和空间推理。

如果我把时间全部花在完善设计能力上，就是浪费自己的脑容量。用超能力去找到对企业感兴趣的潜在客户、合伙人和投资人才是我应该做的事。

做你擅长且热爱的事，这会产生一个有益的循环：你会更喜欢这件事，做更多尝试，然后你的能力会进一步精进。

你会有更多的时间成为一个更好的人，会享受更多的乐趣，会创造出惊人的价值。正是超能力将超级英雄和普通人区别开来。你的超能力是什么呢？

做一个跟随者

无论是在商业中，还是在人生中，你通常会先成为一个跟随者，然后才能成为领导者。

我是在少年时在学校跳级，还有与我哥哥和他的朋友们玩耍时领悟到这一点的。我通常比一起玩耍的孩子要小几岁，猜猜谁是这群人里的小弟？

我在这种情况下也不太能保持自信，但是这些孩子能做我做不到的事，和他们一起玩耍非常有趣，我也就没有执着于成为这群人中的领导者，乐于接受自己做一个追随者的事实。

如果你乐于接受自己所处的位置，会更容易赢得人们的喜爱。人们很容易喜欢那些懂得自我欣赏的人（不是指自以为是）。人们也很容易喜欢不急于证明自己或反驳他人的人，因为和这种人相处很舒服。比起你的同类，你难道不喜欢和那些更年轻、更随遇而安的人相处吗？因为你不会把他们当作竞争者，他们让人感觉更加亲切，没有威胁感，并且他们不自以为是，相比很多人更易相处。

无论你的地位如何提升，这一点也不会改变。即使如此，身为弱势者你总会有点恐惧，因为有权势的人可以威胁你。

但是我知道，不论一个人的社会地位有多高，本质上他也只是和你我一样的普通人。

在创立Kiip的初期，我需要接触很多大品牌公司的高层领导。参加那些会议时，你很难不心怀忐忑，尤其是当你比他们的孩子大不了几岁的时候。那时我们的企业刚创立，和很多新兴公司一样，规模还不是很大，我就是一家小公司的一位非常年轻的CEO，但这并不是什么坏事。

诚然，一些老牌企业占有市场先机，规模更大，并且更有经验。对此我们说："没关系，那我们就来做大卫，它们就是歌利亚[①]。"大家都知道这个故事的结局。

因为Kiip规模小，我们也就更加灵活和迅速，能做到大型

① 歌利亚是《圣经》中的巨人之一，腓力士的将军，带兵进攻以色列，无人敢应战。最后，牧童大卫用弹弓打中歌利亚的头，并割了下来。后来，大卫统一了以色列，成为著名的大卫王。——编者注

广告公司不能做到的事。比如采用看起来不太像传统广告的设计，使用完全不同的设计尺寸，打破传统广告思维。我们也能让客户感到他们几乎就是我们团队的一部分。服务质量之高让我们好像是他们的延伸部门。我们还能让客户了解到成为我们的早期顾客对他们十分有益，因为这证明了他们的创新性。从公司的成立时间来看，我们是跟随者；但是从创新程度来看，我们是行业领导者。

做一个跟随者从个人角度来说同样有利。我不用走进曼哈顿某座摩天大楼80层的会议室，假装和年长自己两倍的CEO一样强干。相反，我让年轻成为自己的优势。这一点我会在“让年龄成为你的优势”一节详述。我发现如果从好的方面来看，年轻是件绝好的事。对于年长的管理层人员来说，你能给他们一种看问题的全新角度。他们期待我更具有创新性的思维，不走寻常路。年轻对广告业来说尤为宝贵，因为几乎每一个品牌都急于打动千禧一代的客户。品牌方会想，谁能比一个身为千禧一代的人更了解这代人的思维呢？

当然，有些商业巨擘喜欢且善于威胁别人，但是大多数企业不会这么做，这犯不上。我遇到的大部分商业巨头都是非常好的人，你很快就能和他们融洽相处。这种朴实的作风是他们成就现今地位的重要原因之一，这是成功领导者的标志。

现在和高层领导们一起开会时，我会像在地铁上遇到一个普通人一样正常和他们交流，不会表现出胆怯，因为那正是失败的开始。

毕竟，所有最具权势的领导者在开始的时候都是跟随者。看看他们现在的成就吧！

别和别人比赛谦虚

谦虚竞赛并不存在，因为谦虚的人根本就不会参加这种比赛。

有人曾邀请沃伦·巴菲特以“谦虚”为题目做一次演讲，因为他在一千亿万富翁中，是谦虚的代名词。他回答说：“宣扬和谦虚不是相互矛盾的吗？”

有太多人努力让自己显得谦虚，他们故意表现得谦让和奉承别人，这就是一组终极矛盾，我们称之为谦卑的虚荣心。你知道我在谈论哪一种人，这并非正确的行为方式。

沃伦·巴菲特最近在一场以“给30岁以下CEO的建议”为主题的活动中，对“谦虚”进行了很好的诠释。他说“谦虚”是指“了解你的能力所限”，并且补充说他宁愿做一个智商130却认为自己智商是125的人，也不愿意做一个智商180却认为自己智商高达200的人。

在这方面，我只是想成为一个大家喜欢相处的人。谦虚不是一件可以自我掌控的事，而只是一个随着你成长，能不断接受真实自我的过程。这就是为什么自省很重要。你需要不断问自己：“我是谁？我为什么在做现在从事的事业？我能欣然接受性格中的哪些部分？”

本杰明·富兰克林发明了一种天才的自省方式。他有一个简单的自我提升的方法，能间接帮他保持谦虚：他在每天结束的时候列一个清单，写下自己可以提高的事情。这样做不是为了让自己更加谦虚，而是要将清单上的事情做得更好。这可以防止自己过分自大，因为清单一直提醒他总有可以不断完善的地方。

如果你能不断自省，自然就能呈现真实的自我——永远是非常谦虚的。

有这样一句格言：“做你自己，因为别的都有人做了。”这句话说得很对。你就是这样的你，无论你是否愿意成为这样的人。

当能真实地呈现自我时，你不需要比富兰克林更努力地表现你的谦虚。当能达到更高的目标，即欣然接受自我时，你就实现了杰出的成就，而不再需要考虑谦虚这件事。就像所有那些获奖的影星发言时所说的：“我从来没有一刻感觉比现在更加谦虚。”谦虚这件事不需要你去自我夸耀，真正的谦虚是你在走向成功之路的过程中就具备的，而不是事后效应。你不会在某天早上醒来突然决定：“哦！我从现在开始要表现得谦虚起来。”当然电影明星在某一阶段过后会变得谦虚，那是因为他们已非常富有和出名，能负担得起“谦虚”，或者至少表现得谦虚。

让我们以莎士比亚的一句话作为结尾吧：“首先，你必须对自己忠实，正像白昼之后是黑夜，对自己忠实，自然不会欺诈别人。”

不要自作聪明

当我还是个孩子的时候，母亲时刻陪伴我，她会在打冰球时鼓励我，给我建议，留意我如何和其他孩子互动，以确保我走在正确的道路上。好的父母就和好的领导一样，会时刻关注你的发展状况，并在成长轨迹中纠正你的方向。母亲曾向我指出一个重要的问题："你不可能比所有人都聪明，如果你试图超越所有人，只不过是自作聪明。"

和大多数时候一样，她是对的。她知道我很聪明，这得感谢父母的良好基因和我的后天努力。她发现聪明的人通常会多虑，当多虑的时候，我们会告诉自己这是思虑周全的结果，但实际上这不过是一种恐惧，是一种会严重影响工作的个性。

当思虑过多时，你的思维通常会在原地打转。你就像《公主新娘》里那个聪明的角色维齐尼一样，认为敌人会在酒中下毒。他知道机警的人不会喝面前安放好的那杯酒，而会要求和对方交换酒杯，但他知道敌人也清楚这一点，那么就不应该交换杯子。但是他又想“不对，敌人也明白这个道理……”最后，他思来想去得出了明智的结论——饮尽杯中酒，然后死掉了。

硅谷里就充斥着这种人：他们会想出很多应急预案和假想情况，然而任何事都无法落到实处。部分是因为该行业中最聪明的这些人经历过学术界精神压力的训练，过分思虑已成为一种思维定式。但是，谁说学业上的成功能保证在现实社会中的成功呢？

那么与其多虑，何妨大胆尝试！

我可以用长篇文字论述这个建议的重要性，但干吗考虑那么多呢？

让年龄成为你的优势

因为我才 24 岁，看起来还要更年轻一些。当我演讲时，经常需要面对一些比我年长的成功人士。我有时这样开篇：“你们可能在想自己为什么要坐在这儿听一个 20 多岁的亚洲男孩讲话。”

这种自我贬低的话语有两种作用：一是，你们很棒，我有时希望自己能和你们一样稍微年长一些；二是，我也很不错，你们有时可能也希望像我这样年轻一些。

但是不要担心：你不一定必须 24 岁才能使用这个技巧。如果你知道如何能让年龄成为自己的优势，那么任何年龄都有价值。

在科技文化中，事实有时很难分辨，因为年轻人和年长一代存在认知上的差异：年轻人成长于网络世界，而年长的一代并非如此。

当然这并非只存在于高科技世界中，年轻人和年长一代的认知差异一直存在，而每一代人面对的情况都不同：在20世纪60年代，在婴儿潮一代和他们经历过第二次世界大战的父母之间的文化鸿沟；当婴儿潮一代老去的时候，是“X一代”[①]和他们的代沟；现在则是中年的“X一代”和像我一样大的孩子之间的差别。

美国运通的首席营销官约翰·海斯（也是Kiip的投资人）就很好地弥合了年龄代沟，且向他人展示了这一方法。第一次见到他时我以为他40多岁，但后来在谷歌上搜索他时发现他已经60多了，而且他在2015年还学习了如何给iPhone的应用程序编写代码。他作为团队中的年长者竟然能学习编写代码，因而备受人们尊敬。这时，约翰的年龄就是有利因素。

他不仅是一个善于学习新技术的年长者，也同样清楚新技术并非紧跟时代的关键。最近他说：“我们往往以一个非常奇怪的心态去思考变革原因，认为变革是伴随技术的发展而发生的，但是技术并非变革的根本原因，而是其产生的效果。社会变革的真正驱动力是社会本身，而不是智能手机。”

用另一句话来说，进步和年龄无关。不管你处于哪个年龄阶段，总有方法能将年龄变为你的优势。

---

① X一代在西方指20世纪60年代中期至70年代末出生的一代人。——编者注

你在旧金山机场降落的那一刹就会明白年龄无关紧要，旧金山是创业公司的孵化器。当我从外地回到旧金山的家中，心里还有一种认为自己是地球上最年轻的人的良好感觉，然而走在路上不久就会见到一个认识的人，就想："这个孩子比我年轻5岁，赚到的钱比我还多。他的创意可能比我的还新颖有趣。啊！糟糕，他还赢得了不少女孩的欢心。我太老了！"

那又能怎么样？不能怎样。这只不过是看问题的角度问题，所以干吗要为之操心？

对于我的投资人来说，我的年龄是他们最不关心的事。他们在和我交谈的同一天就可能会和比我年轻且拥有博士学位的CEO聊天。

但这并不妨碍我用自己的年龄当作吸引媒体的噱头。就像将在"制造新闻：媒体的力量3.0"一节中提到的，当媒体提到我的时候，他们通常会用我的年龄做标签，不过这个标签有非常明显的使用期限。媒体经常将该标签和一个值得探讨的概念联系起来：是否只有年轻人才能理解年轻化的市场？但那又如何？当我的年龄不再适用于"年轻"这个角度时，还可以打经验牌。

我有一位相当年长的朋友，虽然他看起来并不老。他说自己在职业生涯的前半段将自己说得更年长，而在后半段将自己说得更年轻。这里的诀窍是：不要表明你的年龄。如果你在年老的时候表现得古板，在年轻的时候显得傻气，你就落入了人们对于年龄的成见。年龄会成为决定你在商场上成败的因素。

年龄的另一个好处是它会自然将你划分进不同的生命阶段，而每一阶段都有不同的优势。像很多20多岁的年轻人一样，我不需要照顾家庭，所以可能整夜不归，搭乘早上6点的飞机，在任何时候归家我也不用操心家务。

没有人会对我说："你这个不负责任的家伙，只会考虑自己。"他们会说："尽情享受吧！享受你现有的自由时光。"我每天都在按这一建议生活。

不过我也有年龄大一些的朋友，为人父或为人夫是他们最大的动力之一。因为相较于单身的时候，你总会为你爱的人更加努力地工作。家人是他们的情感港湾，是他们最信任的人。有些人甚至以他们的孩子、侄子、侄女作为市场研究的主要对象。这些人不需要担心约会，取悦某人，或者面对孤独。这也是一种自由。

所以拥抱你的年龄吧，不要落入人们对年龄的固有成见。现在的年龄你只会经历一次，不妨好好利用它的优势。

置之不理

有一次我搭乘观光巴士，游览越南北部下龙湾的静谧美景。海边微风拂面，耳边鸟鸣阵阵，散落的巨大岩石屹立在海湾上，就像是花岗岩组成的摩天大楼。我沉醉于风景，故意忽略导游不断作响的手机。

终于导游关掉了手机并转头看着我，叹气说："真烦心，我女朋友总在不停给我打电话，而我根本没有时间接听。"

"她不喜欢你这么做吧？"

"没错。"

我对他的这种痛苦感同身受。电子时代的社交礼仪之一就是不管对方是你的另一半、商业伙伴或客户，如果你没有在几小时（或几分钟甚至几秒）之内回复，就是不重视他们。所以你要么成为手机的奴隶，要么就只能做坏人，真是进退两难。

无论你是否喜欢，这就是我们身处的信息时代的副产品。据谷歌前CEO埃里克·施密特说，自人类文明创始以来直至2003年，人类共建立了5艾字节（5万亿字节）的信息，而现在我们每两天制造的信息就比这个总和多。

也就是说，就在过去的两年中，我们制造了等量于史上存在过的90%的信息。更可怕的现状是：美国人在工作之余每天还会接收12小时的信息。办公室工作人员要花28%的时间回复电邮，人们平均每天发送或接收35条短信。

过量的信息造成了短期的记忆障碍，增加公众的压力，损害大众健康，并且造成了大量的经济损失。这种现代疾病如此常见，我们甚至为它创立了一个新名词——信息肥胖症。用简单点的语言形容，就是骨鲠在喉的感觉。这也无益于我们提高效率和发展关系。毕竟如果我们都在忙着回复短信和邮件，怎么能有时间发展创造力呢？这让我们变成了巴甫洛夫的狗。你明白这种感觉：邮件一到，你的血压就稍稍升高，忽然意识到："烦人，又有人有新的要求了。"这让你又有压力又烦躁。

所以如果你还有一点记忆的空间，请记住这个诀窍：别去理会它。

别再告诉自己智慧就是得知道当下的所有状况，别再试图和每个人随时随地保持联络，别觉得你吃顿午饭就得先通告全世界，所有这些想法都像是精神毒品。就像所有的毒品一样，它也很难完全戒掉。事实上，如果完全脱离网络，大多数人也难以维系与我们的关系和自己的事业。所以应适度使用这一信息药品。

我自己就正在努力。虽然时常飞来飞去，但是我在飞机上不和任何人联络。在休息的时候，我不接工作电话，关闭了手机邮件提醒。只在有时间的时候才处理邮件，至少我还能按照自己的节奏工作，而不用屈从于其他人的时间。

人们不会考虑到这一点，但是当他们每次给你发短信或者邮件的时候，都是在未经允许的情况下占用你的时间，这有点像没提前预约就直接冲进你的办公室。

我们显然身处一个手机沟通的新时代，讽刺的是，这正是我的主要业务领域。但这让我更加警醒，我们得在信息控制我们之前，控制它。我的工作是手机广告业务，但我的任务是给人们提供他们想要的、主动选择浏览的促销和产品信息，而不是把一堆信息直接塞给他们。

我们都承受着时刻在线的压力，但是屈从于此，随时接受别人扔给我们的任何信息并非正确的处理方式。你需要捍卫自己享受恬静的私人或家庭时光，保留娱乐和创造时间的权利。

让人们留给你一些空间，你真正想要与之相处的人会同意，对于那些反对的人，摆脱了他们也好。

当你开始尊重你自己和你的时间，其他人也会随之尊重起来。

享受工作的乐趣

《欢乐满人间》这首歌中有这样一句歌词：每一份必须完成的工作中都蕴藏着许多乐趣。一旦找到其中的乐趣，你就会发现工作其实就是个游戏。诸如此类。

这就是在黄金年龄创业做老板的又一个理由：你可以自己找到乐趣。

当然，有些人有幸有一位好老板，知道工作和娱乐是可以两不误的。如果没这种幸运，你就应该换一个老板，或者自己做老板。

有些人觉得娱乐和职业道德相悖。简直没有比这更离谱的错误了，职业道德是职业道德，可不是遭罪道德。

享受快乐的能力是我一直谈论的经典技巧之一。还记得那句老话“快乐是一切的基础”吗？这是对的。你觉得《独立宣言》的作者为什么要将追求幸福、生命以及自由作为最重要的事？因为他们知道人类的深层和原始需求是要享受我们所做的事，而不让暴君（无论大小）践踏我们的灵魂。这是人类的基本权利。

我享受自己的工作。我也确保和我一起工作的人有同样的感受。如果他们感受不到乐趣，就会失去兴趣和精力。当然工作不可能方方面面都有趣，但是如果你觉得“我的工作真没劲”，你就应该换一份工作。如果你能正确处理这一点，工作不应该就只是“一份工作”而已。人生苦短，能拼事业的时间更短。

找到工作乐趣最简单的方法就是不管你的职责是什么，每天都自己尝试新事物。不断学习，不断尝试新策略，不断发展和前进。

当不断重复机械化劳作，你很快就会感觉无趣。每次当我演讲或开会的时候，都试图尝试新的方法，就为了给大家一种出乎意料的感觉。这不仅让我觉得更有趣，与会者也喜欢我能给他们带来耳目一新的感受。

在内心深处，我们都是探索者，都喜新厌旧。

我们也需要生存下去。我们知道如果自己总给别人提供同样的产品，人们能预料到他们会得到什么，然后很快就会厌倦并抛弃我们。

如果你能在工作中找到乐趣，就不会过分在意加班或者薪水不高这种事。你会出色地完成工作。你的乐趣会传播给其他人，而工作日就像是每周的主要活动，而不是周末前需要忍受的另一个无聊的开场。

我分享一个享受乐趣的小诀窍：轻松做自己。如果你这么做了，就不会像那些每天戴着面具的人一样去自寻烦恼，也许就不会有什么烦心事了。你会很放松、有趣、坦率和自由，点子自然就会滚滚而来。朋友会拥戴你，领导会倚重你。

但是，做自己意味着你得身处一个欢迎这种态度的企业。不是每个老板都很有趣，我相信你已经发现了。

别为了地位或金钱选择一份你需要时刻伪装的工作。

当你从事自己应该从事的工作时，那种感觉是对的，是自然的，你的生活会因此而充实。

我不能告诉你这份工作是什么，你也无法预知。

但是当你遇到这种工作的时候，你就会知道。

那是一份能带给你巅峰感受的工作，那就是快乐。

别试图超越所有人

我有一个好消息要和你分享：如果想在这个世界做胜利者，你不需要比所有人都强，只需要胜过你的直接竞争者就行。

有这样一则有趣的寓言：两个人身处森林中，突然不知从哪儿冒出一头饥饿凶猛的灰熊。熊朝着两人缓步爬过来，其中一个人马上坐下穿上他的运动鞋。他的同伴说："哥们儿，你不可能跑得比熊快。"他回答说："我不需要跑得比熊快，只需要比你快就行了。"

在商场上也是一样。如果你遇到一个成就卓越但远非最聪明或最努力的人，这告诉你一个道理：他至少比他的直接竞争者要聪明和勤奋一点。

这就够了。

有很多人崇拜英雄式的人物，比如埃隆·马斯克、拉里·佩奇、杰夫·贝佐斯、史蒂夫·乔布斯，并试图将自己和他们比较。其实用不着这样做，这些人与你无关。

将你自己和世界顶尖人物相比是浪费时间，世界太大而你太渺小，这样比较的结果就是你总会是输家，这会让你丧失自信。

当你供职于大企业的时候，别拿自己和CEO或COO（首席运营官）相比，这不过是徒劳无功的尝试。拿你自己和隔壁办公室或者隔间的同事，抑或是比你高一两级的领导比较，他们才是你真正的竞争对手。

就算如此，即使是离你最近的竞争者也经常与你无关，毕竟最终的竞争者只有一个人：你自己。

这就像我的父母很早以前跟我说的一样：你通常都是在和自己比赛，而不是和其他人竞争。所以只要你每天都在进步，就足够了。

对于像你我这样富有创意的人来说，还有很多其他成功的方式。我们不会试图打败别人，而会帮助其他人获得我们已经有的能力或资源。如果我们还需要更多东西，就和团队一起，和帮助过我们的人一起创造更多的价值。如果你每天都在进步，就能赢得这场比赛。

用自己的方式做事

来讲一个天上掉馅饼的例子：我和一群同伴走在街上，遇到了他们认识的几个朋友。其中一个朋友说："亚当，这是布赖恩，他刚刚被Dipp解雇了，现在正自己创业。"

亚当·道杰利和我握手并问道："你在做什么生意啊？"

亚当当时就职于成立了五年的风投机构True Ventures，致力于寻找刚刚起步的科技创业公司。

我回答说："我还没办法明确回答你，因为我们还在构思，咱们约个时间聊聊吧。"

从亚当对项目的清晰阐述，你就知道他是个聪明人。他看起来很友好，也有能力胜任自己的工作。我知道自己能从他那里得到一些好建议。

一周之后我们约好见面喝咖啡，我跟他讲了自己创立手机广告公司的想法：在客户达到一定广告浏览要求的时候，给予他们免费的奖品。我认为几乎每个人都讨厌广告，但是他们喜欢达成成就和获得奖励，这样就形成了消费者和产品之间的联系。

不久他就把我带去见他的合伙人，我希望能借此学习一些找到更多投资人的办法。他们问："你需要筹集多少资金？"虽然我并不清楚，但是我回答说："我不知道，大概三四十万美元吧。"

一周之后我又再次和他们见面，他们给了我一份 30 万美元的合同。我惊异极了，脱口而出了一句蠢话，但也有可能反而是句点睛之笔，因为那是我最诚实的反应："这太疯狂了，你们就这样给我 30 万美元？我的公司都还没建起来呢！"

所以这就是获得投资人青睐最简单的办法——去街上散散步吧。

就是这样：怀抱着一个特别棒的想法走在街上，带着在你想创业的业务领域相关的工作经历，遇到一个朋友的朋友正好是投资人，还需要很多的雄心、诚实和（与之相称的）运气。最后，还要擦亮眼睛，在看到好机会的时候牢牢抓住它。

我考虑了一下，向 True Ventures 提出我希望留出些资本空间给个体投资人或者天使投资人——那些有钱人用自己的钱投资的基金。这个提议有点狡猾，因为给天使投资人留出更多空间就意味着True Ventures的控股比例将会下降。

我很幸运，他们答应了我的提议。他们投了20万美元，然后我们就向一些天使投资人筹集另外的10万美元。

亚当和他的合伙人认为这是一项对大家都有利可图的投资。亚当的注资也给包括硅谷男孩俱乐部的一些天使投资人带来了信心。

我没有采取惯常获取启动资金的办法，即从家人和朋友之间筹集。我觉得这种方式并不好，因为我知道如果自己创业失败，会让家人、朋友蒙受损失，这会让我非常愧疚。如果你的家人和朋友很富有，可以以这种方式集资。如果他们完全知道投资风险，并坚持想借此赚取利润，那也可以。因为拒绝他人承担风险赚取收益的合理要求，同样会引起别人的不快。

在开始找天使投资人的时候，我们手上已经有了一些客户，数量还在增长。我们给自己制定的一些初期目标也都如期达成了。这让天使投资人印象深刻，即便我们完成的不过是自己制定的目标。这里的小诀窍是：制定现实的目标，超额完成，再广而告之。

我们主要的天使投资人除了由企业家转职为投资者的佩奇·克莱格，还有维他命水的前CMO（首席营销官）罗翰·奥扎、Popchips的创始人凯斯·贝林、Digg的首席架构师乔·斯达普，负责企业架构，还有Venture51的共同创立者瑞安·斯瓦格。他们都是一些很聪明的年轻人，从一家能将广告变得为人们所喜欢的企业中看到了潜力。

早期的第二批投资人，是在我们逐渐壮大时加入的，但加入时间还是Kiip发展的初级阶段。我有一位从加拿大搬到加利福尼亚州的同乡，其中一个最重要的会议就是在他举办聚会时开的。不管你是否相信，加利福尼亚州有35万加拿大人，占总人口的1%。那是一次面向加拿大企业家的活动，叫C100。在那里我认识了风投公司Hummer Winblad的拉尔斯·莱基，他们投了400万美元。

拉尔斯同样精于商业和科技。他手握几个专利技术，职业生涯始于电子游戏黑客，后来成立了一家研究GPS（全球定位系统）和机器人技术的公司Novariant。

就这样，到我19岁的时候我们筹集到了对于青少年来说破纪录的近500万美元资金。这个纪录本身就代表了无价的宣传价值和信誉度。

现在不用我说，你也能运用本节中蕴含的创业诀窍了，以下是一些要点：

• 找到那些你想要长期保持联系，而不仅仅是想一起赚钱的人。

• 积极参加活动认识他人，也让自己被别人熟识。

• 建立他人对自己的信任感。

• 永远保持风趣，不要怯懦。

• 寻找好的想法并抓住它们。

• 不要因为失业或者其他原因自暴自弃。

• 切勿错失良机。

• 当然，还要去街上散散步。

最重要的是要记住：条条大路通罗马。

我有我的方法，而你有你的。

偷得浮生半日闲

如果说我们从斯坦利·库布里克的经典影片《闪灵》中学到了什么，那就是“长时间没有休息和娱乐的工作让强尼变成了一个杀人狂”。

看过这部电影的人会记得杰克·尼克尔森的工作狂心态对他本人和家人并没有任何好处。

这就是为什么我认为应该经常彻底地放松一天。

成功的人都知道花些时间让自己放松下来，是让自己长时间保持良好状态的唯一方式。虽然在现阶段我没有时间和欲望去享受一个悠长的假期，但是我每个月至少找一天作为迷你假期来尽量多做一些自己喜欢的事。

这是让我远离杀人犯倾向的诀窍，我强烈推荐给从事高强度工作或者工作压力繁重的人。

这一天我会做什么呢？关掉所有电子设备，在我最喜欢的冰激凌店吃冰激凌，在我最喜欢的公园一角休憩，在我最喜欢的餐厅吃早午餐，就是去做所有最喜欢做的事。这感觉实在太好了。

如果你没有休息时间，或者以你自己的方式放松，最终会不可避免地垮掉。

这其中最重要的一点是，即使只是偶尔放个假，也能给你每天在办公室加班或频繁的出差生活带来一点盼头。正如简·奥斯汀所说：对幸福的期待即幸福。

偶尔，我不会以去公园吃冰激凌来度过休息日，我会补觉，睡眠也同样重要。就像你在前文读到的，即使是像我一样的"劲量兔子"也不可能一直蹦蹦跳跳，也需要偶尔充电。

最近的一次休息是我在一次精疲力竭的差旅回来之后，你懂的，就是上文提过的那种所有的时区都变成了布赖恩的白天时光的那种旅行。我一回到家就睡了30个小时。我希望自己能记住这种感觉，特别美好。但是遗忘也没关系，我的身体会记得，这就够了。

你的身体会告诉你何时需要休息了，遵从它的建议！

成为传奇

你能取得如此不凡和长久的成功，一起工作的人一定认为你就是传奇。

这可能比你想的要容易。

你不需要擅长于做每一件事，这是不可能的，甚至不需要在每件事上都有效率，因为这会让所有工作落在一个人的肩膀上。

相反，选一项你的超能力，成为那个总能超前完成工作，在压力之下永远保持冷静，总是有层出不穷的新点子，团队里最坚忍或最友善的人。

你的超能力是什么并不重要，只要你的这项技能精湛得令人惊叹。

对于你的企业来说同样如此。想想最成功的那些公司是如何成为传奇的，因为它们最（你自行选择）：创新（苹果）、可信赖（迪士尼）、稳定（伯克希尔–哈撒韦）、具前瞻性（谷歌）、有耐心（亚马逊）。

让我们来分析一下最具耐心的亚马逊公司：它最具耐心，不注重被一些人称作“危险王朝”的现期利润。在CEO为了季度财报累死累活的时代，杰夫·贝佐斯令人惊讶地忽略了它们。

亚马逊甚至不太在意单件商品的利润率，因为贝佐斯创造了一种企业文化，即只关注于一件事：长期占领全球电子零售业市场。

年复一年，亚马逊在后期才开始考虑利润。这就是为什么亚马逊在经历了头7年的亏损，更在2012年盈利为负，它的股票价格现在每股500美元左右。因为人们非常相信贝佐斯是个着眼于未来的人，他的远见非我们常人能及。投资人也相信贝佐斯的长远战略会解决这些小问题，比如亏损。

这就是传奇。

贝佐斯的做事方式在某种层面上来说几乎与宗教信仰相近，或者说至少引起了人们的狂热，人们将之当成一种生活和价值观。

传奇会衍生出新的传奇，关于贝佐斯的一个伟大的都市传奇是他在沙漠里建了一座能运转一万年的万年钟。贝佐斯认为科技偏离实际的、混乱的步调制造了一种对时间的错误观感，时间好像被压缩成一种类黑洞的物质，它不断加速，最终所有事物都好像是在顷刻间发生的。因此，贝佐斯说："随着时间的流逝，人类越来越需要从一个长远的角度看待未来。"

他建造万年钟的传说部分是真实的。实际上，这座钟是由一个有3300名成员的非营利组织恒今基金会（Long Now Foundation）建造的。大钟在超级计算机的开发者（也是妙极百利玩具制造商）——Thinking Machines的共同创始人丹尼·希利斯的指导下，始建于得克萨斯山下500英尺。丹尼构思出了这座钟，并为之筹集建设资金。贝佐斯只是最大的捐赠者，他共捐赠了4000万美元。

贝佐斯是不是创建这座钟的主要助力并不重要，重要的是他和他的企业一起成为传奇。不论他现在做什么，都只会让他在各个层面上变得更为传奇。

我们知道，贝佐斯已经超越了一个简单的生命体。他的企业不断扩张，成为我们知道的最大的企业。贝佐斯加上亚马逊已经成为一场运动、一种道德规范，或者对于有些人来说，已成为一种宗教。不管在接下来的100年中亚马逊会发生什么，杰夫·贝佐斯和他的企业将会传奇永存。

你同样可以成为传奇人物，不论是在哪行哪业工作，但是就像人们说的，罗马不是一天建成的。

有时，梦想是一点一点建筑起来的，只要你每天都在努力。一步一步地实践你的梦，总有一天它会壮大起来。

庆祝你在成功道路上行进的每一步！如果这样去做，不管前进得有多慢，你总会有信心走下去。这就是最重要的财富。你会散发出一种不断奋斗的气势，而一旦有了这种感觉，奇迹也就会随之产生。

一生很漫长，你不必在意一时的快慢输赢。

如果你想成为传奇，关键就是要比其他人做事优秀一点点，每天进步一点点，你最终将走向伟大的成功。

The
Cheat Code

第三章
你要成为让人印象深刻的人

学习宣传的法门，建立自己的品牌，让别人注意到你和你的理念。

保持事物的美感：外观的重要性 1.0

不管你在哪个行业工作，也不论你销售的商品是什么，你的承诺即你的品牌，你的品牌即你的承诺。你在告诉大家你能为他们做些什么，而你的成功将在很大程度上取决于你的提案有多吸引人。Kiip保证“我们会创作出大家喜欢的广告”。这是一个分量很重的承诺，也是我们之所以能成功走到现在最主要的原因。

你的品牌有多好取决于它的观感：它看起来、听起来的样子以及给人的感觉。品牌的观感就是你承诺的基础。有人可能认为外观如何是次要的，产品的实质才更重要。但不管你是否喜欢这一点，外观真的很重要。如果你的品牌外表不吸引人，很难让大家注意到品牌的实质内容。

进化心理学家声称人类能在两秒之内分辨出威胁感。在现今这个时代，大众的注意力转移得很快，你只有约两秒让顾客对产品留下良好的第一印象。

我最开始的工作是设计。我 11 岁的时候在网上自学了 Photoshop 软件。你真应该看看我在高中时做出的那些绝妙设计。我能在学校跳级，在 14 岁时进入大学，在很大程度上要归功于我强大的演示能力。当然，报告的内容也很重要，但老实讲，我的报告内容并不总像它呈现出来的那么好。多亏我在网上自学设计课程，让我交上去的报告总是看起来非常漂亮。

我的作品不需要比所有人都强，只需要看起来比竞争对手高明一些就好。我交的报告和所有人一样都以恐龙为主题，但是我的那份有一张漂亮的封面，让它看起来美观且专业。这就是我早期的个人品牌形象。

我的作品看起来非常美观，让人一见之下就觉得非比寻常。这就形成了一个自我实现预言，为将来的成功打下了基础。

我从儿童时代就会在所有上交的课堂报告中加入图表，让它更加美观。因为效果确实不错，我就将这一习惯一直保持到自己成为一名企业家。当然我服务于广告业，产品的呈现方式就是这个行业的核心。同时，我认为这对于其他行业来说同样重要。

事实上，我们都是视觉动物，而人类也不是唯一的视觉动物。在英语里，我们用“鸟和蜜蜂”这两种全然被花、香气或五彩的羽毛这些美丽驱动的物种来委婉地指代生命的真谛——爱和繁衍。

如果我们讨论的是人品，我会先站出来说你确实不能以貌取人，就像老话说的那样。但是对于像演示文稿、报告、网站、商标甚至是你邮件内容的行距这些东西来说，情况就不同了。

当面对这些美丽的外表时，我们都是肤浅的，会立即确定自己是否喜欢这些东西。我们热爱美丽的事物，喜欢美丽的花朵、艺术、建筑、容貌和身材，这就是人类天性的一部分。

我们会被美丽的事物吸引，它将渗入我们的记忆和潜意识。所以如果你想提高品牌认知，漂亮的视觉效果就不仅是锦上添花，而是提高公众认知度的基础。谁会不记得孔雀的美丽和NBC（美国全国广播公司）的孔雀徽标？正是这一品牌形象帮助了NBC在早期彩色电视中确立了领先地位。在当时，这种视觉信号极富冲击性。现在因为黑白电视已退出历史舞台，当时的视觉震撼感已经被大家淡忘了。

这个诀窍对几乎所有品牌都有效。就算一个垃圾产品，如果它的外表看起来足够漂亮，人们也会在近距离观察它之后再做出判断。这都是老生常谈了。品牌看起来越漂亮，你就越容易信任和记住它。

哪怕是对简单的电子邮件来说，观感一样重要。如果邮件的排版很糟糕：大段论述不空行，字体小，或者更糟的是字号超大，字体颜色夸张，你根本就不会想去读它。即使你读了，也不会喜欢它。你会想（不管是不是潜意识的）："你都不在意邮件会不会让人看着舒服，我凭什么要耗费宝贵的时间去阅读它？"

你可以想象一下如果Kiip交上去的比稿作品设计不美观会怎样。其实你可能想象不到，因为那样的话Kiip早就不会存在了。这也是设计总监艾玛德斯·德玛兹成为企业共同创办人的原因之一。设计对于我们的品牌成功来说至关重要，而不管你的品牌是什么，这对你来说同样重要。当你能一直看起来神采奕奕，也会成为和你外表相称的人。因为人们会对你有所期待，你也就会对自己有同样的期许。

一言以蔽之，这里的诀窍就是：如果你想被大家记住，就要看起来美丽，看起来与众不同。那就是你的品牌形象。

不断改变你的外观：外观的重要性 2.0

贯穿本书的主题之一是：不要过分自满。即使公司的商标、网站、邮件等所有视觉呈现都设计得很美观，你也需要和时间赛跑，不断更新形象，让大家保持新鲜感。

所以当你搞定了设计之后，下一步就是要修改它。不要一直使用重复的东西，只有让客户耳目一新，才能让他们对你更有兴趣。这能帮你树立自己的“品牌形象”。

这同样适用于所有产品，我们先从电子邮件开始说起。我曾经雇用过一个销售，他的邮件最后总是以不同的GIF（图像互换格式）动图结束，比如一只跳舞的小鸡或者一些好玩的猫咪视频。不论图片内容是什么，它总是时刻变化，又让人记忆深刻。你总会打开他的邮件，想看看这回他又附上了什么图片。

不管你在哪个行业，经常更新你的各种企业视觉形象非常重要，而且这些视觉形象要能反映出你的品牌动态。

如果不时常更新品牌形象，人们会认为你一成不变，不论是否真的如此。在潜意识中，所见即所得。

同样，企业在视觉形象上的自我展现就和文字介绍一样有说服力。

如果形象不能反映你的进步，进步就会被人们低估。现今很多企业都借用以视觉为主导的媒体进行宣传，这一点就更为重要。

你的科技和技术随着时间的流逝而日新月异，你希望自己的视觉能如实地反映这一点，不论是文稿、网站、商标还是其他视觉。

简单地说，你需要时常更新自己的视觉。这就相当于告诉客户你在依照他们的需求不断创新和进步，在自我完善以期能满足他们新的需要。

Kiip最开始的产品形象很简单，就是一个带图片的邮件框。随着不断添加新功能，我们也尽了最大努力在视觉上反映这些进步。随着大屏幕设备不断占领市场，我们让自己的设计更贴近这些设备，并且让界面风格向苹果靠拢，以便能在苹果设备上更好地显示。另外一件能告诉客户Kiip在发展的改变是，我们新加入了奖励背景图，会让客户感觉广告和手机软件更为切合。然后我们就可以向业内宣告，在下一代通信设备中，奖励广告的形象应该是怎样的，也让客户能够预期到我们未来的发展。

就在我写下这些文字的时候，我们正在进行整体设计修改，这会继续持续下去。

脸谱网（Facebook）就以更新设计而闻名（对于那些不喜欢脸谱网不断更换界面的人来说，这是件讨厌的事）。很多次在脸谱网更换界面之后，人们的反应是：“讨厌，他们怎么把这个按钮移走了？他们干吗要在我刚刚熟悉这个界面的时候就把它改了？”尽管有这些抱怨，脸谱网持续性的设计更新是它能茁壮成长、逐渐奠定无可撼动的行业领导者地位的重要原因。在此期间，它的很多竞争者都已经失败了。

脸谱网以更换设计的方式告诉用户它们会一直更新功能以满足时下的最新需求。革新对于科技界来说尤为重要。当然，脸谱网的有些改动相较于用户利益来说，可能更有助于公司盈利。但这不重要，它的目的是让用户知道，科技的改变就像生命一样，是自然发生的过程。脸谱网的改动是有节制性的，不会一次改动太多，频率也不会过快，但是永远在变化。这样他们就能介绍并测试新的功能选项，而不会引起人们的反感。

我以前工作的Digg公司就远没能掌握好这种步调，并造成了严重后果。

由于Digg的成功，公司在很长的一段时间里都采取这样一种态度："客户非常忠诚，如果我们随意进行改动，反而可能失去他们的支持。"之后在2010年夏，他们发布了V4，在一夜之间完全改变了网站设计，后果是灾难性的。他们改变了原本和新闻故事看起来很相似的嵌入式广告模式，转而开始和媒体机构以及明星合作建立了发布者账户。这种突然性的大规模改动同样造成了很多没人愿意看到的技术问题。他们的所有合作方和用户都很愤怒。当时Digg已经覆水难收，不能简单地再将网站改回去。在之后的几个月中，他们经历了严重亏损，不得不裁掉超过1/3的员工。那简直就是一场灾难：优秀的员工离职，企业利润一夜间蒸发。

重点是Digg改换网站外观的立意是好的，但是他们不应该在一夕之间就改掉整个业务和设计结构，同样不应该孤注一掷地把全部家当押上。

企业诚然需要进步，但是必须要把握火候，循序渐进。企业的设计风格也要跟上脚步，依企业的变化而变化。

不要错误地以为你可以蒙骗公众，仅靠改变产品外观而不增强产品实质来虚张声势。在从事手机广告业务的公司中，还有一些愚蠢的人依靠改换产品外观来哄骗消费者，声称他们推出了新产品，但产品的实质却没有丝毫变化。消费者一眼就能看穿这种伎俩，不管你的产品设计是否精美。归根到底，你还是要将重心放在不断提升产品质量上，而不仅仅是改变外观。

当取得真正的进步时，你不需要去欺骗消费者。

但是你需要用完美的视觉设计诠释和宣传这一进步。

注意着装：外观的重要性 3.0

毋庸置疑，保持新鲜和强大的企业形象非常重要，但是也不要忘了你有两个品牌：一个是你的企业，一个就是你自己。

你的外表也同样重要。这可能听起来很肤浅，但是如果我们想要帮助你成功，就必须要对你坦诚相告。

好消息是，你个人形象的规划也可以遵循我刚为你的企业制定的规则：漂亮，与众不同，逐渐变换一些不同的形象，而不是一夜之间让自己完全改头换面。当你回家乡探望的时候，可能会看到一些人还穿着和高中时代差不多的毛衣。他好像没什么变化，不是吗？你都不好意思问他的近况，因为你知道他会说："你懂的，还是老样子。"他和 17 岁在便利店搬货的时候看起来差不多，所以你猜他的工作可能也没什么起色。你多半猜对了。

如果你已经取得了一些成绩，却还是穿以前的旧毛衣去上班，参加派对或同学聚会，会产生怎样的效果呢？如果你还保持以前的穿着打扮，等于是在告诉别人你还在原地踏步，即使实际上你早已今非昔比。

仅仅看上去美丽是不够的，如果想在人群中脱颖而出，你还需要有所不同。不是为了追求不同而故作姿态，你需要展现不一样的自己。

我现在的个人形象中有一点就是不和别人穿一样的衣服。这不是为了昭告天下我与众不同，而是因为我想随心所欲地穿衣服（虽然我想这在某种意义上也是一种宣言，但这至少是我的真实想法）。如果我要去参加一场大家都西装革履的重要会议，我可能会穿运动衣、Polo衫或者其他什么，搭配时髦的鞋袜。你可能已经见过我在《企业家》杂志的“青年百万富翁”那一期封面中穿的袜子了。

当你展现真实的自己时，别人会因此而尊重你，因为你看起来很自然，大家欣赏你的真实状态。如果你故意学习其他人的言谈举止，大家会对你失去信任。如果你打扮朴素、泯然于众人之中，那你还是自求多福吧。

10年前我刚开始上商业课程的时候，老师让我们在参加面试或其他形式的重大会议时要穿最好的西装，这样大家能够认真对待你，也让你认真对待自己。这是因为如果你着装严谨，你的心态会自动进入成熟能干的商人模式。这在当时的确是个好建议。

现在趋势不同了，更流行穿出自己的个性，而不是模仿你想成为的人的风格。

在我所从事的广告业中，老派的模式化的唐·德雷柏[①]形象已经过时了，因为人们无法从中看到他们想在广告公司中寻求的创造力。在现今社会里，如果想让别人认为你富有创造力，你不需要和其他人穿一样的服装去寻求认同感。事实上，你要反其道而行之，因为对于你的个人形象和公司品牌来说，与众不同反而是个加分项（从电视剧理论来说，西装对唐·德雷柏来说同样不适用，因为《广告狂人》所有剧集都在讲述唐对他真实的自我并不满意，紧身西装只会让他看起来更保守）。

即使潮流在改变，“人靠衣装，马靠鞍”的理论依然适用。因为我们都是肤浅的以貌取人的生物，无论是对自己的样貌，还是别人的。

---

① 德雷柏是美国电视剧《广告狂人》中的经典角色。——编者注

那么当你参加面试或者出席重要会议、活动的时候，应该如何装扮自己呢？在现今时代，这取决于你的个性，甚至与你的工种或行业无关。

依照你的个性装扮即让你展现真实的自己。如果你就是一个喜欢穿帽衫的人，那就不妨买几件喜欢的帽衫穿着参加会议，因为这才是你（马克·扎克伯格就是这样做的）。

简单的衣服能展现出你的自信和自然，而当你越自信、自然时，表现就会越好。这是一个有益的自我循环。你还要确保自己看起来是精心打扮过的，搭配得当。你穿帽衫不是因为那是你起床以后在地板上看见的第一件衣服，即使你身穿休闲服，也要看起来像在登台演出一样。

而你的演出不是跑龙套，是光彩熠熠的主角，演好它，成功就会随之而来。

重塑企业或者面临失败

2007年史蒂夫·乔布斯因罹患癌症而短暂休息，他重返商界之后宣布了一项重要决议，在他与他人共同建立的企业中留下了永久的印记。

在Macworld大会上，他宣布苹果将把企业名称中的“计算机”一词去除，而只保留“Apple，Inc”。乔布斯说：“在我们的产品Mac、iPod、Apple TV和iPhone中，只有一种是计算机，所以我们要改名。”这是一个非常聪明的决策，因为这是在向世界宣告苹果不仅是一家计算机公司，而是一家引领生活方式的企业。当你的产品成为大众生活方式的一部分时，就等于进入了人们的生活，成为生活中不可或缺的一部分。

这次企业重塑为苹果的未来奠定了基础，使其股价在当时突破了历史最高纪录。

另一个在近期重塑的企业是安德玛，一家靠做吸汗T恤发家的运动服装品牌，但是安德玛花费5亿美元购买了三款手机移动应用程序，分别监测用户的健康、运动和营养情况，使其在一夜间转型成为数字运动企业。现在安德玛拥有世界上最大的健康和运动移动应用监测网络。

那些能适应外部环境改变的人终将改变环境。当你达到这一高度时，适应环境就变成了一件容易的事，因为你不再只是预测未来，而将创造未来。

不要自吹自擂：媒体的力量 1.0

如果你向潜在的投资人、客户、合作方或顾客讲述自己的成绩，这听起来只会像是急切的自我推销。相反，你要投稿给媒体。如果由媒体来报道你的故事，你就会像摇滚巨星一样大受欢迎。

当你说自己的公司有多棒时，这叫作吹嘘。而当媒体讲述你的企业有多好时，那叫作客观的新闻报道，或者说叫事实。Kiip是众所周知的媒体宠儿，媒体宣传机会对我们来说非常宝贵。它让我们深入客户、投资人、竞争者、公众和其他媒体人的心中。

如果没有媒体的宣传，我们不可能有今天的成就。如果你也是一名企业家或者想要成为企业家，你的企业和品牌（即使你的品牌仅仅是你自己）如果缺少媒体的帮助，可能很难达到你想要的高度。

还有，我有没有提过这是免费的，而且效果比高额的广告投放要好得多?

媒体宣传最大的优点是持续性。当有一家媒体报道了你的故事，就会产生涟漪效应，一家媒体会紧跟另一家的脚步。我相信在学校时老师一定教导过你不要抄袭别人的报告，而在新闻院校，他们会教你如何“抄袭”别人的报告，如何加入足够多的改动让它看起来和原创一样。

我是在早期的一份工作中了解到媒体关系的价值的。我当时服务的那家公司叫作 1-800-Got-Junk ？，我的工作就是要把无趣（如清除垃圾）的事情写成有意思的故事。它教会了我从不同角度描写事物，把和垃圾有关的有趣的噱头编进故事里，不管是地球日、最新的垃圾清除法，还是新出现的关于垃圾囤积的争端等。

后来我跳槽到互联网新闻聚合器公司Digg，那是学习和记者打交道最好的地方。我的工作是让记者和新闻出版运营人员将Digg的链接按钮植入他们的网站，并告诉他们这能让他们的内容更加深入。然后我就在媒体关系的核心部门就职，处理Digg的媒体宣传事务。

这段经历很有趣，但是需要做一点点牺牲：在我还不到法定饮酒年龄时，就得支付大家的酒钱。这的确有点讽刺，但若能因此和科技方面的新闻工作者交上朋友，还是很值得的。

不管我有没有到法定饮酒年龄，我经常和记者们泡在酒吧里，谈论Digg的好处。当他们几杯酒下肚之后，看我也就比较顺眼了。再多喝几杯，他们会开始觉得我很有趣。再之后，他们就和我称兄道弟了。

然而你要记得，虽然我是个销售并为此感到骄傲，但我不是个心理操纵者或者骗子。如果我能找到合理真实的理由让人们购买我的产品，就会不遗余力地推销它。但是如果我找不到让其他人购买这种产品的理由，就根本不会尝试销售它。对于媒体来说也是一样，如果手上没有好的故事，我不会拿一些垃圾稿来找别人报道。我想经营的是长期的生意伙伴关系，当你有长远的目标时，名誉就是你最重要的资产。

渐渐地，我交到了很多记者朋友。和他们在荧幕上的形象相反的是，这些人并非冷漠的机会主义者（虽然据我了解，电影里说他们嗜酒这一点多半是真的）。他们有长远的工作目标，因此不会竭泽而渔，或者为了上头条而编造一些故事，大多数人都是认真而坦率的。

我尊重他们的人品和观点。他们会和各式各样的人接触，知道很多我不知道的事。有时候我喜欢采访他们，而不是被采访。这是一种自然的信息交换。对他们而言，这也是一件令人高兴的事。因为新闻界通常默认记者需要听命于他们的消息提供者，就好比消息提供者传达的是圣谕，而记者只是谦卑的人民公仆，默默地记录信息。记者们已经厌倦了掩盖自己的自尊心（他们的自尊心通常很强，因为他们选择的是一个受人关注的职业），所以当你能将他们置于聚光灯下几分钟时，他们通常都很开心，就好像很多在幕后工作的人都乐于参与任何演出机会。

我在Digg工作的时候收集了很多电话号码，后来创立Kiip时我给这些号码都发送了信息，大部分都是用很轻松的语气，告诉他们我是谁，还有我很享受和他们在一起的时间。相比过去的记者，现在新闻业的流动性很强，记者们经常会换公司。但是我一直和他们保持联络，最终建立了非常紧密的关系。也因此，他们帮我写了很多宣传文章，让我和我的企业都得到了大量关注。

本节的原则就是：如果你不知道如何利用媒体关系，就不可能让一家创业公司从零开始走向繁荣。

媒体的重要性如此之大，所以我还有更多想阐述的内容。如果你想知道那些我通过支付高额酒单才获得的经验，就继续阅读吧！

要有胆识：媒体的力量 2.0

就像上节中提到过的，你可以通过和记者交朋友，或者至少彼此建立互惠互信关系的方式，让媒体宣传为你所用。

但是别以为你有了这些关系之后，别人就会对你和你的企业进行大量宣传。游戏规则并非如此，记者不会去写一些免费的垃圾稿，你也不应该期望他们这么做。就算你真的能说服某个人发表一篇写给你公司的“情书”，这对于读者来说也丝毫没有价值。现在的读者很精明，甚至有些玩世不恭。他们什么都见过，而且对看过一遍的东西没有兴趣看第二遍。

认识一个记者不能确保你就能获得媒体宣传机会，这只是让你的机会多了一些。

如果你能给记者提供一些头条新闻需要的内容，就能进一步提高报道概率。不要忘了，无论网络媒体，还是纸媒，记者最终追求的都是吸引眼球，所以你提供给记者的故事越能引人注意，对你就越有利。你要怎么做呢？要有胆识，要非常有胆识。

胆识是本书真正的口号。牢牢记住这句话："胆识将赋予你天赋、能力和神奇的力量。"这是歌德于250年前写的，但听起来就是在形容我。当你给媒体投稿的时候一定要大胆，因为那是你唯一能大声宣传你所获荣誉的地方。当和媒体打交道时，你最不应该羞怯。记者们会想报道一些已经很出名、不再需要吸引注意力的公司，但这些公司通常会拒绝他们采访，以避免过度曝光。所以你提供给记者们的内容越热辣、新鲜、有价值，见报的机会就越多。另外一个小诀窍是，告诉他们你提供的是第一手资料。我们都想做第一个知道消息的人，而对记者来说尤其如此，因为那是他们的工作方式。

这看起来好像是因果颠倒的，但是商界的运作方式就是如此。

如果你提供的消息只对自己有好处，那么记者会告诉你去买广告。记者们很精明，也熟谙业界规则，如果你提供不了新消息或其他有趣的噱头，那你就没戏了。

所以你的工作就是：为你的公司或你想创建的公司想一个

宣传点。你肯定有些独到之处，不然的话，就不会在这个行业或者想要在这个行业打拼了。只要这个噱头是独特的、新鲜的，那就足够了。

当你在找宣传点的时候，不要用你平时的思维模式，而要站在记者的角度想问题。这听起来容易，做起来难。因为记者也不会站在自身的角度思考问题，他们需要站在读者的角度思考。所以想象一个在以读者的角度考虑问题的记者的思维方式……你就能得出结论了。

这个宣传点可能看起来很平凡。如果找不到，说明你的观察距离可能太近了，无法在一片森林中找到一棵树。不妨试着退后几步，再去寻找。

这个宣传点可能很简单，你也许可以用 10 个字对其进行概括。事实上，我们就需要它是简单的，因为这个世界已经太复杂了。我可以用一句话概括我的宣传点：我卖人们喜欢的广告。

最后还有一个小诀窍：设计企业宣传点就像一种艺术，你不妨雇用一个宣传专员。他们是真正的谈判专家，能从三个角度去思考问题：他们知道你的思维方式，为你的公司撰写报道的记者的思维方式，以及普通读者的感受。

制造新闻：媒体的力量 3.0

当你和一些记者成了朋友（或者至少是酒友），并且找到了能引起他们兴趣的噱头，现在就要开始行动了！

最好的新闻噱头是那些尚未发生的事，比如一个企业公告，更理想的是一个尚未确认的企业公告。

你可以遵循下面这种方法：你暗示一些记者你们即将有大动作，但不要向他们和盘拖出，只先透露一些细节引他们上钩。

你要小心，不要透露太多，逐步放出消息能让你更有收获。你透露的信息越多，媒体就越有可能找到错误（他们在任何事上都能找到错误，那是他们的工作），毙掉稿子。

如果你能在事情发生之前先给你的记者朋友透露一些风声，让他们知道一些竞争者还未掌握的消息，那就是在帮他们的忙了。要记住，记者们（尤其是商业记者，他们不会经常收到重大消息）需要第一手资料：“你是第一个知道消息的人！”所以如果你暗示自己透露的重大消息是别人还不知道的，你不仅会获得他们的关注，还会收到他们真诚的感谢。

记者们是否知道你在利用他们呢？当然知道。他们会表示反感吗？当然不会。他们有什么理由反感一个双赢的局面呢？

在你一开始放出消息的时候，要先低调一点，比如发个简单的信息：“嗨，我们有一个新产品要上市了，我想先告诉你。”这就很好。因为你平时可能已经给他们发过其他短信了，比如“今天的文章写得不错”。如果没有平时和他们保持联络的习惯，你应该现在就开始培养。

如果他们打电话或者发邮件给你，你一定要让他们知道他们是你第一批联络的人。他们不需要成为你唯一联络的人，尤其是当这些人的工作有所区别的时候，比如他们在报社、杂志、博客、新闻网站、广播或电视台等不同媒体工作。如果要放出一个大消息，就要确保你囊括了所有这些不同的媒体渠道，它们也期望你这么做。

当你引起了一些人的兴趣后，再发一封邮件放出鱼饵。邮件应该只写出一些基本要点，比如“我有一款新推出的房地产移动应用软件”，或者“我有一个Airbnb网站想象不到的新产品”。

当我刚成立Kiip时，我发的信息是“我有一种新型广告方式，它不会打扰别人，而且会受到大家的欢迎”。我最新发出的消息则是“我们已经准备和万事达卡签约了”。

这样做的目的是为了预先通知大家即将有重大消息公布，如果你想要知道更多内幕，可以随时打电话给我。我喜欢“分享更多内幕”这个说法，因为它很模糊，能引起别人的好奇心，同时又给了别人充足的理由和你电话沟通。

你要充分利用这个噱头，发送几封邮件来制造悬念。如果邮件很短，他们可能会回复“我需要更多细节”，然后你说可以和他们电话沟通。

Kiip即将创立之际，我将这一消息透露给了科技媒体大鳄迈克尔·阿灵顿。他随之在TechCrunch（美国科技类博客）写道：“黄先生可能是最年轻的风险投资筹集者（马克·扎克伯格为脸谱网筹集到早期资金是在他20岁的时候）。我们的调研团队调查了谁是最年轻的筹集到风险投资的企业家。Kiip在几个月之后即将创立，敬请期待。”如果你幸运，记者可能会发布类似的文章。

只需要几段话，甚至不需要提及除了公司即将问世本身之外的任何细节，阿灵顿就帮了我一个大忙。这篇报道发布于

Kiip创建之前，而当我们真正问世的时候，猜猜是谁拿到了第一手资料？

就在最近，Kiip和万事达卡签订了一笔大生意，我又采取了同样的方式进行宣传。你还想知道与媒体相关的更多内容吗？

请继续阅读。

让别人感觉良好

最聪明的人总会对别人说："你们都很棒。"

而且最聪明的人周围通常也围绕着其他能人。

你可能认识一些能干的人，或者正和他们共事。当然世上有很多缺乏想象力和智慧的人，但是如果你正在读这本书，你周围可能不太会有这种人。毕竟最聪明的人周围总是环绕着其他能人，而我知道你正是他们中的一员。

其实聪明人夸奖他人并不仅是为了拍马屁，而是为了让他们加入自己的阵营。这是招贤纳士最好的方法之一。

不幸的是，很多人都在不遗余力地向他人证明自己有多聪明。这样做的效果通常会适得其反，因为不管你说什么，听起来都像是你急需得到别人的尊敬和认同，这不过是另一种形式的自我缺失罢了。商人们不会满足你的需求，他们只是想满足自己的需求。

我经常遇到一些执着于给我讲解他们出色技术的人，不仅包括这项技术的功能，还有它背后的原理。这些人当然有研发技术的才能，我在和他们聊天之前就已经知道这一点了。但不管这项技术有多么了不起，如果其原理是我或者其他非工程专业人士理解不了的，就没必要给我们讲解。这只会让我们感觉自己很蠢，而这并不是他们想要的结果。

苹果发布新产品（比如苹果手表）的环节之一，就是要让人们感觉自己很聪明。在新产品网站中，他们花了很多心思展示关于苹果手表制作材料的精美视频，大部分都是在讲铝、金或者不锈钢这类金属。一个视频大概两分钟，它会告诉你一些苹果手表的金属制作工艺。这些视频既有趣又能增加见闻，同时也不会让人感觉是在说教。虽然大部分人都不是冶金专家，也根本不懂如何冶炼不同的合金，但是你在知道一些小常识之后就会感觉：“哇，原来苹果花了这么多心思在我购买的产品上！这笔钱花得值！”

重点是，苹果能将复杂的理论转化为人们能理解的形式，这会让大家感觉自己很聪明。比如苹果网站声称，苹果手表的时间能精确到全球标准时间的50毫秒之内。这句话里的每一个词你都认识，虽然可能不太知道什么是全球标准时间，你还是感觉自己能大概理解这句话的意思。你知道“标准”“世界”和“时间”的含义，所以苹果只不过是把它们组合到了一起，对吧？

我最近和工程部的负责人开会，把Kiip的所有产品梳理了一遍。在我提到某一个产品的功能时，工程部的负责人却说这种表述不正确，但是产品的实际功能和我说的非常接近，所以我说：“也许你是对的，但我说的是大家能听懂和领会到的意思，而这种理解能让他们感觉自己很聪明。”

当你提及类似“机器学习能力”这样的词时，人们会感觉很高深，但是他们能理解“机器”和“学习”的意思，然后就会为自己能明白这么深奥的词而感到骄傲。虽然机器学习能力并不需要一个真实的机器去进行学习，而只不过是一系列计算公式，但这并不重要。运用“机器学习能力”这样的词会让人感觉很高明。

世界上的每个人都想变得聪明。人们在感觉你尊重和认可他们的能力时，才会跟你更亲近。如果你太执着于让事情变得复杂，或者更糟的是以居高临下的态度和别人说话，你终会失败。但是如果你能给他们一些信息，让他们领会一些复杂的事物，他们就会立刻和你站在一边。你也同意这一点，不是吗？你一定同意这种说法，毕竟你是如此聪明。

说重点

在商界工作有一点是无法避免的，那就是你会听到很多废话。当人们开始绕来绕去，给你一些模糊的内容、没有说服力的解释，或者无意义的“重要细节”时，你会开始怀疑他们到底想说什么。

如果他们有一个好主意，为什么不直接说呢？如果这个主意真的很好，又有什么必要做这么多铺垫呢？

如果你听到有人说“长话短说”，这其实是句废话。你要记住说话要简明扼要，把那些空话、多余和浪费时间的废话留给官僚、白痴及缺乏安全感的人吧。

化繁为简、直奔重点是考量人的表达能力的一项重要标准。简单能揭示真理，复杂只会掩盖它。

这是放之四海而皆准的真理，从产品到哲学范畴来说也是如此。曾获得诺贝尔文学奖的温斯顿·丘吉尔说过："简短的词是最好的，又简短又古老的词更好。"

Kiip最大的优点之一就是，我能用一句话解释它的整个理念："在Kiip，当顾客在移动应用软件或游戏上取得成绩时，广告商可以用礼品奖励他们。"

我们网站上的大部分网页都只有百字左右。我们没想比所有人都聪明，也没必要，产品本身会说明一切。

当人们浏览我们的网站，听我们说话或者阅读我们的邮件时，不会觉得我们在故意引起他们的注意。这本身就是件让人印象深刻的事。

时间就是金钱，不要浪费我的时间。如果你有事情要说，就直接说出来。如果你没准备好，就回去打草稿，做好计划，再回来找我。我愿意听任何有价值的建议，只是不想浪费我的生命来忍受之前那些废话。

好的想法永远是几句话就可以说清的。

好的想法也永远很容易解释，因为尽管人们还没听过，但一定会对它的基本概念有一定认知。

说话简单明了为宜，与其长篇大论，不如直接奔向主题。

保持一个开放的心态

史蒂夫·乔布斯临终前最后的遗言是:“哇噢,哇噢,哇噢!”

守在他病床前的妹妹将这几个词解释为乔布斯对新奇事物的包容力,对理想艺术家般的信念,对更加美好未来的向往。

我们不可能知道乔布斯真正的意思是什么或者当时经历了什么,但是我们能感觉到他在死亡降临之际,正窥见新生。

史蒂夫·乔布斯遗言的重点是,它们揭示了他对新奇事物的包容力,就好像他还穿梭于苹果成千上万个会议之中,倾听别人描述一些不仅前所未见,甚至连想都没有人想过的东西。

在这些奇思妙想中,往往蕴藏着一些尚不为人知的宝贵价值。乔布斯的天赋是他可以一眼看出事物隐藏的本质。

他是如何做到这一点的呢?他思想开明,能接受各种意见。乔布斯经常问一些乍听之下有些蠢的经典问题:“这种事物存在吗？这种事物能够存在吗？请详细说说。”

西方哲学体系始于2500年前的苏格拉底，而苏格拉底式的学习方式正是在于不断询问问题。

在东方，最根本的学习方式也来源于佛家的禅意，一种叫作“初心”的概念，即“初学者的心”。怀抱初心的人没有先入为主的概念，所以可以看见各种可能性，但专家们只能看见几种已经存在的事实。

这种禅意对乔布斯很有启发，他经常在参加会议时做出自己是一个愚笨的人的模样，让别人用猫和狗都能听懂的措辞给他讲解事物。很多时候他问的问题甚至都不精准，只是模糊、常规性的问题，像是罗夏墨迹似的问题。

但这些问题通常能引出精彩的答案，而且乔布斯听得越认真，答案往往越机智。然后他会问：“你能以另一种方式回答这个问题吗？”而他的收尾问题则是“为什么”。最终，乔布斯经常能挖掘到宝藏，帮助企业走向全新的、前人想象不到的方向。

作为后辈，我们能从中学到什么呢？

这是一个好问题。我得仔细考虑一下。我会尽量保持一个开放的心态。如果你的心态是开放的，你就能从各种意想不到的地方发现好的想法。

不断前行

写下这段文字的时候，我正在从罗马返回旧金山的飞机上，尽量不去看我旁边的乘客，因为这是一个长途航班，我不希望和别人过多交谈。当然你在飞机上会遇到很多有趣又有影响力的人，有时候这能给你带来好的机遇，或者让你学到新知识。我认为最好的方式是在航程的后半段进行交谈，这样你既能与人交流，也可以避开那些你根本不感兴趣的闲聊。

我讨厌浪费，尤其讨厌浪费时间。

我如此讨厌浪费时间，以至于在去罗马的飞机上，我就在生气自己为什么要去罗马。因为我已经去过那里了，而我在旅行中最喜欢的一点就是能去一些新地方。世界上的每一个角落都有可以学习的地方，就像不断变化的万花筒一样，以不一样的视觉、嗅觉、触觉和味觉，带给你全新的观感。我想要尽情体验这一切。

所以我不仅气恼自己要去一个已经去过的地方，而且为这次旅行只是参加一个活动而心烦。不像平时，我会把日程表安排得非常紧凑，所以更感觉自己浪费了时间。

我这次要出席的活动，是规模盛大的全球媒体营销节。世界各大品牌的高管和最优秀的广告及市场营销人员都将云集于此。虽然我没有安排任何其他正式的会议，但是我将以主题发言人的身份出席活动，这当然值得花时间去做。

只是我还是不喜欢只为了做一件事而去一个地方。这是我的性格所致。

我知道这听起来可能有点古怪，但是我喜欢一直前进，找寻不曾停歇的感觉。这会让我觉得非常充实和高效。当前进的时候，你不知道前方会发生什么。有时，事情之所以发生，正是因为你在前行。

所以为了充分利用旅行中的每一秒，在从纽约出发的飞机上，我打开了谷歌地图，发现离罗马最近的大城市是文艺复兴的起源地佛罗伦萨。我正是秉持文艺复兴理念的人，知道自己选择去佛罗伦萨看看终归不会有错。

这次行程本身很紧凑。我们搭乘欧洲铁路，以每小时 220

英里的速度离开罗马。在1小时18分钟的火车途中，我从窗外饱览了托斯卡纳的美景。它们因为火车的速度而模糊起来，就像凡·高笔下超现实的作品。然后火车突然就停站到达了目的地，这正是我喜欢的火车之旅。

佛罗伦萨有很多著名的博物馆（你可能已经猜到了我喜欢博物馆，因为这正像搭乘穿梭历史的高速铁路），所以我花了6个小时游览博物馆，拍了大量的照片，并近距离观察了米开朗琪罗的大卫雕像。当它就在眼前的时候，你会感觉自己不仅仅是在观察它。那真是一件伟大的艺术作品，在之后的500年中无人能与之匹敌。它正是“非凡”二字的最佳诠释，当它近在咫尺时，将在你的脑海里留下不可磨灭的印象。

第二天我搭乘最早的火车前往比萨。比萨斜塔在修缮了12年之后，终于再次开放了。我发现别人说的是真的，你在登塔的时候，整个身体都能感受到那种倾斜。然后在我还沉醉其中时，就到了要返回罗马的时间。

现在我已经习惯于出席各大国际商业盛事了——戛纳国际创意节、SXSW大会，或者其他你能想到的活动。全球媒体营销节对于我这样的人来说，就像媒体界的天堂。每一个全球商界大佬和媒体购买企业都在这里。因为参会的票价不菲，只有企业的决策者才会参加。

所以你会发现自己在和汇丰银行、菲亚特、利洁时（生产来苏尔喷剂等产品的公司）的媒体负责人一起吃午饭。这是一场我前所未见、充满激情的盛会。

我和无数来自世界各地的人交换名片和有趣的信息，尤其是欧洲人。欧洲现在已经是Kiip的一个热门市场了，这归功于我们最近为可口可乐和零度可乐做的广告，我们在欧洲赚到了前所未有的高额收入。大量的机会也由此奔涌而来，我和每一个人的谈话最终都会谈到这一内容。

在我还没意识到的时候，就到了我上台演讲的时间。演讲主题是“新时代的广告不再会打扰别人，而是让别人喜欢它”。我上台时候的配乐是法瑞尔·威廉姆斯的歌曲《快乐》，这正契合我的演讲题目“因为我很快乐——抓住最完美的时刻”。我想这次演讲给在场的人带来了愉快的感受，而当你打动了观众的时候，会感觉自己在一瞬间交到了上千个朋友。

之后的活动是晚宴，结果直到凌晨4点半才结束。这个时间很早，你刚好可以去其他地方寻找新的体验。

我从来没去看过罗马斗兽场。如果想要避开拥挤的人潮，还有什么时间比凌晨4点半更适宜参观呢？几分钟的车程之后，我就来到了斗兽场。

那种感觉很奇妙，那里一片静谧，你几乎可以穿越历史，听到角斗士击剑的声响、观众的欢呼声，尽管目力所及，只有一片空茫。

然后我看见旁边有一个人，大约离我有100码远。我想他可能是另一个精力充沛的参观者，然后他突然向我走来，越走越快，越走越快。糟糕！

我有两个选择：留在原地看看那个人到底要做什么，他也许会成为我遇到的最有趣的人之一，或者赶快离开那里。

如果我跑开，就永远不知道那个人的目的了。他朝我走过来可能是因为他也参加了全球媒体营销节，听到了我的演讲，想要谈笔交易。或者他是一个小偷、精神病院的逃逸者，或者是连环杀人嫌犯。

我决定不冒这个险，转身朝街的另一边跑去。他一直追我，从两个街区的距离慢慢拉大到两个半街区，我已经气喘吁吁了。我身体里还流动着一种意大利最好的酒，而他可能没喝酒，这可不是我的优势。

最终他慢了下来，然后停下来了。

我则没有，我一直在跑。

就像我说的，一直前进是一个明智的策略，在商界和生活中皆是如此。我在那个清晨还领会到，它在保命的时候也是一样。

不要过度分享

我记得第一次感觉自己老了的时候。那是一种你无法忘记的感受，一种晚年生活的预兆。就是从那时起，我开始注视着转瞬即逝的时光，带着自己在这个一往无前的时代，快速奔向忧郁且充满回忆的人生暮年。

那时我 22 岁，在听一场演唱会。我突然成为那个不再盯着手机看的老人。

我这个尚存一丝年轻气息的人为自己辩护道，那是梦龙乐队（Imagine Dragons）的演唱会，大部分观众都是 17 岁左右的女生，但心里仍然不能平静。

我去那里做什么？准确地说，是一个女生带我去的。我还应该补充一下，她不止 17 岁。

但重点是，在我听乐队演出的时候（乐队水准确实很不错），我发现自己身边所有的少女都在用Snapchat（一款照片分享应用）将所有宝贵的瞬间分享给她们的朋友。让我感到惊讶的是，这些女生在演唱会现场的感受和她们试图传达给朋友的感受，不尽相同。我记得她们看起来很无聊，和现场脱节得就像老电影里的新闻播报员，但她们发给朋友照片当然是为了炫耀在现场有多开心。我对此的看法是："姑娘们，收到你们用Snapchat发送的照片的朋友们可能比你还享受这场演出呢！如果你们不是忙着发送这些照片，是不是能更好地欣赏演唱会呢？"

这个故事的寓意在于：不要以为需要和每个认识的人分享你所想所做的每一件事，也不要认为你分享的人越多，就越受欢迎。你本不应该曝光这么多生活细节，这同样影响你享受当下的体验。看看那些曝光自己大量私生活细节的明星吧，这不过是搬起石头砸自己的脚。

这也达不到你的预期效果。你分享的越多，人们就越懒得看下去。你分享的目的是想要内容显得重要，但它们变得如此单薄无趣，别人会觉得你根本没什么重要的事好分享。

成为时刻在现场拍照的人的另一个坏处是，你不会再去用心记住这一切，从而失去了一些最宝贵的记忆。

我喜欢用心记录那些宝贵的记忆，而不是用照相机。我会把这些记忆留给自己，而不是在公众平台分享。这会让这份经历感觉更真实，你永远记得它本来的样子，而不是相片或视频里的样子。

要记得你的经历是对心灵的一场训练，心灵上的记忆不会因数字产品的干扰而冲淡。我真的知道有人会有这种经历，自我怀疑道："我是在社交媒体上看过这个，还是自己真的看到过？我不记得了。好吧，这不重要。"

但是这很重要。

真实的生活很重要，你与之分享的朋友也同样重要。

所以与其不断报道你的生活，为什么不试着享受它？

不要总想着退出

当大学生们因为学业压力翻来覆去睡不着的时候，就会讲故事安慰自己："在竞争激烈的世界里，曾经有个男孩子叫比尔·盖茨（也可以替换成史蒂夫·乔布斯或者马克·扎克伯格），他在大学里拼命苦读，希望有一天能找个好工作。但是邪恶的老教授们知道他有一天会成为亿万富翁，就给他灌输各种无聊的想法，让他非常痛苦。有一天他终于冲破牢笼，从愚人学校逃跑，遇见了一群勇敢从大学辍学、怀抱新奇想法的人：迈克尔·戴尔、戴维·卡普、凯文·罗斯、拉里·埃里森、杰克·多西、保罗·艾伦，还有其他一些人。他们一拍即合，很快统治了这个他们命名为'辍学生'的王国。王国的名字是为了纪念一个事实——每个亿万富翁都是从大学辍学的，并从此过上了幸福的生活。他们身边有一位美女陪伴，还有湾流G500

私人飞机。故事结束了。哦，不，以拉里·埃里森的例子来说，应该说有两位美女陪伴，还有配有直升机停机坪的游艇。故事结束。”

因为我在科技界工作，周围的所有人都相信这个童话故事。他们还会可笑地将故事套用到现实中来：“哥们儿，我从学校退学了。我现在有大量的自由时间，准备去创业，因为那听起来挺酷的。要是我后来不喜欢了，那就再去找其他好玩的事情做。”

这是我这一代人的诅咒。辍学不是我们发明的，但是我们让它成为一种潮流。

我经常提醒别人，不能坚持将一件事做到底是一件危险的事。我认为成就事业的一个重要法门就是能证明自己有能力有始有终地完成一件事。这种品质能让别人信任你，让他们在有困难时向你求助。“半路退出”的理论现在如此流行，以至于人们认为现在有两种创业方式。其中一种就是，创业者创建这家公司的主要目的是卖掉它。这当然是一种切实可行的商业模式，我也没说人们从中赚不到钱，但是你考虑过吗？赚钱就是人生的全部意义和终极目标吗？

还有，你真的想成为一个拿了钱就跑、完全不顾及自己第一个亲手创建的企业的人吗？

那些帮你打拼的人怎么办？他们会不会被新的管理者裁掉？他们很可能不会再想和你继续合作了。你自己的名声呢？你想成为一个只知道创立事物，却不知何为进取，只知道盲目追求新鲜事物，而不顾及别人利益的人吗？

而且，如果根本就没有更新鲜有趣的事了怎么办？如果你30岁就丧失激情了怎么办？

如果你的企业卖了1000万美元，减去税收，还有500万。如果你因为年轻乍富，挥霍掉了其中100万，还剩400万怎么办？如果你将这笔钱拿去做其他事情，但是因为其他人都不相信你会有始有终地将它做好（而且他们是对的），失去众人支持的你投资失败，只剩下200万怎么办？如果你发现自己不再有新奇的点子，于是安于一间漂亮的房子、还不错的车子、能支持你后半生的积蓄（基于5%的税后标准市场回报率，你应该能拿到4万美元的年收入），你会怎么想？

那还是你在大学时梦想的生活吗？你还记得那个自我催眠的故事——梦想成为一个厉害的辍学生吗？

还有另外一种创业方式，这也是我采取的方式。首先从学校毕业，学会批判性思维，参与社交活动，理智地为未来做准备。然后，你有了创业的点子，有能力将梦想变成现实，让其他人为你见证。你就像将来爱你的妻子和孩子一样，爱着你的想法。你做的工作就好像一场演出一样迷人，它能吸引你，也能吸引别人。这些人有可能是投资人或消费者。这都不重要，因为他们对于你来说就好像家人一样。

你和兄弟姐妹们的心血之作让生活一下子变得充实美好。这种想法如此感染人，以至于你很难不把企业继续扩大下去。

随着企业发展，你的资产也随之增加。你会赚到钱，但贪婪并非你的动力。你的动力也不是因为罪恶感、责任感或惯性，而是因为你非常热爱自己的事业，所以从来不会想到要退出。

人们会认为你忠于自己的想法和承诺，是一个以诚待人的人。你的这种忠诚将成为你做人的道德标准、性格的核心部分，就好像你热爱自己的想法一样自然。

你的人生将会有意义。

你有一天在竞争激励的王国里醒过来，成为那里仁慈而严格的统治者。蓝色知更鸟唱着歌，一边编织着彩带，一边往天上飞去（很像灰姑娘里的情节，但是比那更妙，因为小鸟们正在设计你的新商标），这时你的公主走进来说："我亲爱的王子，早餐准备好了。"

你掐了自己一下，留下了一道瘀青，于是你知道这不是梦，而是现实生活。

和布赖恩一起喝咖啡

我每年都会听到上百人跟我说："我想哪天约你喝杯咖啡，就 15 分钟，听听你的想法。"

这些人通常是准备创业或刚开始创业的企业家。

我通常会这样回答他们："抱歉！那等于是浪费了你本来可以努力去做事的 15 分钟。"

有些人能理解我的意思。对于他们来说，这可能是我能给予的最好的建议。

有些人则理解不了。对于这些人，我无话可说。

虽然我已经阐明了自己的观点，但是我再重申一下：那也等于浪费了我本来可以努力去做事的 15 分钟。这是浪费彼此的时间。

对于本节，我就说这么多。

别在工作时喝醉

看到本节的标题，你的第一反应可能是不屑，但不妨再好好想想。

你一开始的想法会是：“我从来没在办公室喝多过。”但是请注意本节的标题是“别在工作时喝醉”，而不是“别在办公室喝醉”。如果你是企业家或者身为高管，会知道很多工作都是在办公室之外完成的。这类工作非常重要，因为这是你认识高层的好机会。这种环境更放松，也没有阶层和头衔的束缚。还有机会能和老板们一起喝醉，听起来不错吧？你错了。

《广告狂人》里三杯马提尼似的午餐已经不是现在谈生意的方式了。你其实不用担心午餐时间，危险的时间是下午 5 点以后，和工作上有关系的人下班之后去喝一杯。这个人有可能是同事，或者更糟，是领导。你在参加每一个社交或者办公室派对时都得保持警惕。

我参加过成百上千次这种活动，由此认识的很多人后来都成为我重要的生意伙伴。事实上，如果你没能在派对上遇到这些人，只能说明去的地方不对。

在派对上约定俗成的一个规矩是，你可以放松一些，不用像在办公时那么端庄，尤其是当你手里拿着一杯酒的时候，大家喜欢这种放松的氛围。在这种场合你很容易紧张，你可能不认识任何人，现场的气氛也可能很做作，就像是虚假的寻欢作乐。可能大家都在假装这是一场派对，而实际上这只是另一种类型的工作。

几杯酒下肚之后，你很容易就感觉自己变得更风趣了，也许的确如此，但事情通常不会这么发展下去。哪怕只是有些微醺，你的智商和情商都会下降，会显得不那么得体。

如果你喝醉了，就只会像个小丑。

商界的大佬们不会这样做，这倒不是说他们古板或者禁欲，而是说他们知道应该在何时何地和什么样的人狂欢。

在办公室的聚会上要更加留意。想想吧：这些人的生计还指望着你的判断能力和性格呢，你真的想让他们看见你和秘书做一些不合时宜的调笑，或者喝醉了从吧台椅子上摔下来?

对于毒品，我更要严格说“不”，即使你住在大麻合法化的科罗拉多州。即使有人认为你吸大麻很酷（就算它是合法的），也会有人认为你不过是懒惰的瘾君子。

当然，显得不合群也不好，所以你可以拿一杯酒，这会让你显得更加友善和放松，也能让爱喝酒的人感觉更加轻松自在。

喝几口酒也同样是明智之举。有时候手头有一些事做，可以小啜一口，会让你更加放松。要注意尽量减少摄入的酒精含量，可以向调酒师点一杯没有酒精的鸡尾酒，或者在酒里加大量冰块和水，以便稀释它。

讽刺的是：你反而会因此感觉更加放松舒适，因为你能更好地掌控局面。你会更加风趣、智慧和得体，这也是同事对你的期许。如果想要看傻里傻气的人，他们不如去看真人秀，或者自己在家畅饮，一醉方休。那完全没问题，只是不要在工作场合这样做。

知道何时应该放手

在每一个企业家的职业生涯中，都有需要放手的时候，不管是针对一个项目、一个想法，还是一家企业。那你怎么知道何时应该放手呢？有的人在资金都赔光的时候才会放手。这可不是明智的选择，因为那时候已经为时太晚，你应该提早预计到这一后果。

有的人在产品没有得到预期反响时放手。这也不明智，这时退出为时尚早。如果这真的是个好产品、好创意，几年之后可能就会有人将你未完的工作继续下去，赚到一大笔钱。

柯达1975年就发明了数码相机，但是完全没派上任何用场，因为当时它的利润主要依靠卖胶卷。它放弃了数码相机生意，最终企业破产。现在它又重新回到商界，但已经不能跻身于照片行业，而改行做商务打印机了。这真令人遗憾。如果它当初坚持数码相机的想法，在计算机和移动设备时代，柯达就能和竞争者一样，取得非凡的成功。

想象一下柯达那些发明数码成像技术的人的感受吧：因为企业高层不看好数码技术，就取消了对他们研发的支持。10年之后数字革命开始，其他公司因同样的理念取得了巨大的成功。

有些创业者在找到其他能接管并收购企业的人时会退出。如果你已经想好不再继续，而该去做不同的事，那没关系。我不会这样做，我爱自己的公司、想法、员工、影响力，我们能年复一年地不断让企业发展壮大。

但这并不是说该放手的那天永不会来。世事无常，远非人力所能控制。要想知道应该放手的时间，归根结底是要掌握好时机，这通常靠一种直觉。

重要的是，你在放手之前得培养把握时机的能力。如果你不磨炼这种能力，就无法知道正确的时间点。

在每一个项目或者企业的不同阶段，我们都在不断学习规划时间的能力。你每次都能学到一点不同的东西：你会知道什么时间应该开始创建企业，何时开始增加员工，何时要加速前进，何时要缩减预算，何时应该勇于冒险，还有何时要放手，保存自己的时间和金钱。

其中最难的是在关键时刻控制你的想法、认识和行动。无论面临好的局面，还是坏的局面；无论面临经济损失、失去重要的员工，还是得到了良好机遇，这一切都不重要。不管是哪种情况，你身边都会有很多人因此陷入混乱、瘫痪或手忙脚乱。他们成为时间的牺牲者，而非掌控者。

当灾难来临之时，你可能很想立即止损退出，远离恐惧、不安或者惊慌。你应抵御这种冲动，保持镇定，把用来担忧害怕的精力用来分析潜在的可能性。其实每一个重要的决定都是分叉路口上的一次选择。

那些让自己进入快进模式的人可能感觉很好，因为这会避免紧张情绪，但是他们最后只会关注事业中的障碍，不管是阻止他们成功的障碍，还是让他们面临失败的障碍。

这时的关键是重新诠释障碍的定义。如果你认为它只是个障碍，那它只能妨碍你。你应冷静下来，寻找绕过每一个障碍的机会。如果你能培养出这种思维模式，就自然知道什么时间该做什么事。届时，如果明智的选择是应该放弃，你就要放弃；如果不是，请继续坚持。

我说的话听起来似乎很简单，那是因为事实就是如此。当你掌握了这些窍门之后，就会发现生活本没那么艰难。

是什么让生活看起来如此艰难？是我们自己，我们的想法困住了自己。

如果能在困难来临的时候控制自我，你慢慢就能领会什么时候应该退出、什么时候应该坚持的诀窍了。

找到能与你互补的合作伙伴，成为合格的协作者

当你了解了自己的超能力是什么之后，主要任务之一就是寻找能与之配合的人。即使暂时还没有什么能和他们合作的事，也要让他们先成为你人际关系网的一部分。一个团结的整体永远比一盘散沙更有效率。

科技界的典型例证就是市场营销人员、创意者和工程师之间的互利关系。我跟很多技术人员都说过我们是完美的搭档。因为我擅长市场推广、品牌宣传和引起大家的兴趣，而他们擅长技术研发。人们不会把这类赞美之词仅仅当作吹捧之言。

这种“互补”（不是赞美）同样适用于你选择的合作方。我可以告诉可口可乐的员工：“你们善于做大规模的广告营销，但是在个性化、针对目标群体的广告方面还有可以提升的空间。我的企业可以帮你们解决这一问题。”

另外一个例子是汽车业。汽车制造商擅长汽车制造，但是并非音响方面的专家，所以他们和专业的音响公司，比如博士、JBL合作来提高他们的音响品质。每一种类型的公司都有可以贡献的专长。

但如果你不是一个合格的协作者，就不可能找到能配合你的雇员、生意伙伴或者其他合作方。这种互补是双向的，你得先做好自己的部分才行。如果你没有出色的才能，也不要奢望能吸引到出色的合作伙伴。

还要记住：如果你的岗位不是独一无二的，即使你再优秀，也没有太大意义。独一无二的岗位职责能让你的地位无可替代。成为优秀的汽车设计师要比成为出色的汽车修理工好得多。为什么这么说呢？因为这个世界上懂汽车设计的不多，修理工却有一大把。

这里的原则是：了解你的弱项，找到那个能弥补它的人。

眼神接触切莫过多

人们似乎认为若想构建信任，一个重点就是要一直直视对方的眼睛，这是错误的。

老话说，眼睛是心灵的窗户，这话没错。但是如果别人通过你的窗户窥视你内心深处最隐秘的想法、恐惧和情绪，你会感觉舒服吗？

眼神接触也可能是对别人的一种侵犯。你要记住这一点。

如果你要和别人开会，不要直接坐在他对面，至少要选择斜对面的位置。这样你的目光就不会总是直视他们，你也不用一直窥视别人的心灵。或者更糟的情况是，你为了避免眼神接触而目光四处闪躲，显得内向或轻视他人。人们在精神集中的时候经常凝视前方，而如果你坐在一边，可能会感觉更自如一些。

有些人尤其不喜欢和人有眼神接触，我们通常会认为这种人的情感更内敛，其实不一定。所有的商人都是好演员，有的时候，表现得内向一些不过是一种伪装。他们有可能是在以退为进，引诱你追击到他们的领地中来。你无法确定真相，所以不要做太多假设。

当有人表现得内向，肢体语言也显得含蓄的时候，比如语调轻柔，呈现出自我保护的姿势或者尽量减少眼神接触，另一方往往更加外向，试图进行更多的眼神接触，以弥补对方的内向。这是没用的，通常只会让别人更不敢看你。他们之所以如此，也许是因为他们天性害羞，不喜欢被别人直视，抑或这是他们的伪装。

有时候另一方会模仿对方的行为，也尽量不去看对方。这也不是个好主意，因为这只会让场面更尴尬。

人们常犯的另一个错误是试图解读别人的肢体语言。如果看见你向左下方看，他们会认为你在说谎，这通常是因为他们在随便哪个网站上花了 15 分钟，看了一些理论，就自以为能够破译肢体语言。但是如果他们肯花上 20 分钟，就会发现这些肢体语言还有其他各种不同的解释。

最好的策略就是不要去玩那些小伎俩，保持清晰友好的沟通。如果你这样做，就会在适当的时候直视别人，而在不恰当的时候移开目光。

在生意场上，如果你想和其他人做一场公平的交易（一场本着长期合作的目的、对双方都有利的合理交易），你只需要以平常的心态去看待别人即可。

我们也希望别人正是这样看待我们的，不是吗？

注意礼节

成功人士，尤其是年轻的成功人士，需要注意两点：一是，礼节很重要；二是，“合宜礼节”的定义在不同群体、国家和个人之间存在显著差异。

年轻人有时不太在意礼节，觉得它是无关紧要的老掉牙理论，是飞速消逝的等级文化。这就大错特错了。礼仪和科技一样，都在飞速进化，不论是在过去还是现在，它都和我们息息相关。

事实上，礼仪无论是对年轻人还是对老者而言都同样重要，甚至对前者来说更为重要。年轻人的问题在于他们不知道合宜的礼仪究竟是什么样的。

举例来说，如果和亚洲人做生意，你几乎不会听到对方直接拒绝你的提问或请求，因为这是一种无礼的表现。如果你问他们周五之前这批货能否运到，他们会回答说“我们会尽力的”。这并不是说货物一定能在周五运到，而是对方礼貌性的一种回答。

如果你需要一个直接的答案，就要用一种非一般疑问句的形式。对方会据实以告，你也就能得到想要的答案。重点是，文化才是礼仪中的重中之重，而且文化也不一定就和国籍或出生地相关。

比如在现今的公司中，很多千禧一代和比他们年长三四十岁的婴儿潮一代一起工作。这两代人在对礼仪的认知上有巨大的代沟。举例来说，年轻人如果在走廊里碰巧遇到了年长的高层领导，他们可能会避免直接和领导搭讪，因为怕年长者认为他们粗鲁无礼。他们觉得自己得先做个自我介绍，加上一点恭维，然后再简单地和长者聊一聊。这是错误的想法，因为他们看了太多老电影，而没有注意到现今的礼仪已经改变。

身居要职的高管们知道，你接触他们是有目的的。他们不想假装成你的好朋友，也不用你说你有多崇拜他们，他们想知道你的目的是什么。所以你应该赶快告诉他们，并且直接大胆地说。如果你在他们从电梯走到办公室门口的这段时间还没有说到重点，那才是真的没礼貌。

奇怪的是，这种直截了当的原则在年长者想和年轻人接触的时候，也同样适用。要知道，现今的千禧一代是在数字通信时代成长起来的，有时一个表情符号就可以当作一条信息发送出去。如果你想让他们注意到你，并赢得他们的尊重，不要写长篇大论的邮件，甚至不要打电话，你可以给他们发短信，这样你们就有共同语言了。

重点是，要理解和配合对方的习惯。尊重别人的文化，就像你尊重那位亚洲商人一样。这是有礼貌的表现。

你要跟上不同亚文化的变化脚步。如果你和千禧一代聊天，你得知道什么是《权力的游戏》。你不一定要喜欢或者看过这部电视剧，但是如果你表现出从来没有听过的样子，可能就会被当作一个局外人，或者更糟，别人可能会疏远你或者失去和你谈话的兴趣。反之，因为我年龄小，有些早年间的明星我可能不怎么了解，比如艾瑞莎·富兰克林。但是我在和婴儿潮一代聊天的时候，至少会礼貌地保留意见。同样，我可能对上周某些政客的言论毫无兴趣，但是如果我在和一个热爱政治的人打交道，我就不会表现出自己对政治漠不关心的态度。这就像是我在告诉合作伙伴自己并不重视他们一样，这不管在哪一种文化中都是一种失礼的行为。

说到失礼，我绝不会在开任何重大会议的时候，让手机保持响铃状态。我知道哪怕自己只是在开会的时候看一眼手机，都会有人将我归类为以自我为中心、轻浮的千禧一代。

当我讲到礼仪这个话题的时候，人们经常会问起在工作场合拥抱这件事。这到底是一种礼貌的示好，还是一种无礼地侵犯别人私人空间的行为呢？答案是都有可能。如果你不确定，就让对方采取主动，尤其是当对方是一位异性的时候。比如除非对方明确示意，我不会去拥抱一位女高管。

另一个潜在的雷区是守时。在有些文化中，迟到是失礼的。而在另一些文化中，迟到要比早到好。举例来说，我永远不会在纽约参会时迟到，也不会在雅加达开会时按时出席。

要保持礼貌，你就要观察和尊重你遇到的每一个人。尝试了解他们，站在他们的角度看问题。永远记得说“请”和“谢谢”，这在任何地方都适用。

最后说一个放之四海而皆准的真理：礼多人不怪。如果你由于不了解对方的文化，而在不经意间冒犯了别人，请立刻道歉。“请”“谢谢”和“对不起”是任何文化礼节的核心内容。

保持无知

有人说无知是福，这句话在创业和企业经营中尤其正确。无知者无畏，你不会害怕失败、失望，也不会因前路崎岖而胆寒。

2008 年金融危机过后不久，我开始寻找第一个投资人。我隐隐感觉每个人都非常谨慎，不愿意拿自己仅剩的财产去冒险，尤其不会投资在一个 19 岁的、以为自己能让大众喜欢上广告的男孩身上。

我不能说我的天真是第一个投资人选择我的唯一原因，但它确实对我有帮助。

讽刺的是，无知能带来自信。当你不了解自己想法里的漏洞和潜在危险时，可以看着对方的眼睛，说服对方你有把握做好这件事。“市场下滑？客户违约？银行徘徊在危机边缘？没关系，我有办法。我们是一家与众不同的企业，这正是我们的优势！你要不要参与进来？”

有的时候，适度的无知是有好处的。它能给你足够的信心相信自己，而不是去相信那些认为你根本不值得投资的人。毕竟，我对自己的了解要比对他们的了解多得多，所以这个结论在当时完全合乎情理。你可以说我无知，但奇怪的是，我到今天依然这么认为。

知道谁是你的老板

一位在硅谷任职多年的高管曾告诉过我一个道理，我一直铭记于心。

他说：“布赖恩，你来硅谷多久了？”

我回答说：“大概一年半了。”

“那你觉得投资人在这儿待了多久了？”

“我不知道。二三十年了吧？”

“没错。那些律师和银行家在这里待多久了？一样，也有二三十年了。每个和你讨论投资的人都比你有经验，你为什么会觉得自己独一无二？”

我一时答不上来。

他说：“企业家在这里会被洗牌，随着他们的来来往往，硅谷的固定资产——投资人、银行家和律师留了下来。”

他说的一点没错。像我这样的企业家是新兴经济中重要的一部分，但我们只是其中一环。要让经济发展起来，我们得和那些构建经济体系的人合作，并且尊重他们的权威。

你得知道自己在为谁工作。

最终，每个人都得向另外的人汇报。如果你想做一个成功的企业家，得向投资人汇报你的业绩。虽然我是Kiip的CEO，我也有自己的老板：我的投资人，其中一些还是董事会成员。他们期望自己的投入会有回报，我的工作就是要让他们满意。

就在我和那位高管进行了上述那番对话的时候，另一位对硅谷知之甚深的人问了我另外一个相反的问题："布赖恩，是你服务于你的投资人，还是他们服务于你？"

他很快回答了自己的问题："是他们服务于你，是你邀请他们参与合作的，而不是他们邀请你的。他们不负责公司的运作，这是你的工作。他们没有创业的点子，而你有。"

这听起来像两个截然相反的角度。

而我现在知道它们都是对的。

你和你的投资人是互利互惠的关系。

当理解了这两种说法都正确的时候，你就做好赚钱的准备了。

你不用特别担心失去某一位投资人，因为你知道就像你需要他们一样，他们也同样需要你。

你不会感觉自己孤军奋战，因为投资人同样想让你取得成功。

你不会感觉力不从心，因为总会有一群经验丰富的聪明人做你的后盾。

你不用感觉受到限制，因为他们投资是让你去做老板的，而不仅是担任一个挂名的虚职或者投资人计划的傀儡。

你在业内也不会缺乏安全感，因为投资人给了你最有意义的认可：他们的资产。

以上的每一项优势都非常宝贵，而且这些优势并非相互排斥而是彼此共生的。

我们的早期投资人之一佩奇·克莱格，在一顿午饭的时间告诉你的就能比一些职业经理人或麦肯锡顾问一年的商业实践知识还要多。他之前是一名海军，刷爆了自己的信用卡，伪装成记者跑去伊拉克战区。其目的是想和当地的高层接洽，获准建立一家公司，使用积极的宣传手段而非暴力赢得伊拉克的民心。他签订了合同，扩建了公司，取得了巨大的成功，所以他在30多岁的时候就退休成为天使投资人。现在他在洛杉矶被人称为“硅谷海滩的市长”。

在我遇到克莱格不久后，他就给我开了一张空白支票，然后说可以之后再讨论细节。

你能从中读到什么？信任的力量、本能和果敢。

作为我们早期的投资人之一，他应该对迄今的回报非常满意。让我们回到原本的问题上来：投资人和企业家，谁是老板？

答案是：双方都是。

看似气定神闲

即使是这世上最杰出的人才，也有一半的时间并不知道自己在做什么。这证实了如果你想成功，并不需要时刻了解自己在做什么，你只要看起来很笃定就可以了。

我们都会遇到一些尴尬的情况，有时甚至每天都会遇到，这时我们希望更好地掌控当下的局面。今天我就遇到了一个人，他创立一家主营Beacon技术的公司。Beacon技术类似于GPS，但是定位系统更加精确，比如它能知道你刚刚路过了拉尔夫·劳伦商店，现在具体在大厦里的哪个位置。该技术非常惊人和复杂，它的原理也不太容易理解。

我大概明白了一些基础要点，但无法理解细节部分。我不想表现出对此知之甚少，所以没有问一些基本问题，或者承认自己没完全理解他所说的内容。相反，我明智地选择问他一些泛泛的关于行业本身的问题，比如："你们公司现在在行业中的位置如何？你认为Beacon技术将来会起到怎样的作用？"

我们的谈话内容很有趣。他没有意识到我对此项技术所知甚少，所以依然尊重我，我也从中学到了一些他认为我可能早已经掌握了的知识。

别人也可能对你使用过同样的技巧，比如经理或公司高层和你开会的时候这样说："你对自己的工作肯定很熟悉，我只是来旁听的。"这是一种非常聪明的表达方式，让你能学到自己不了解的知识，同时，不用去承认自己的无知。你的态度要足够真诚，因为如果你表现得很傲慢，比如你屈尊听下属汇报，人们会很反感，并会让你知道你到底应该学习多少东西。我见过这样的经理，他们的脸上带着一种自鸣得意的神情，下场都十分悲惨。

重点是你不需要知道问题的答案，只需要问正确的问题就能推动谈话的发展。你会学到自己不知道的知识，得到所需的信息，然后继续前进。

如果你表现出想要知道自己在做什么，人们通常会信任你，认为你已经知道未来的方向了，或者马上就会规划好。你应坦率地表达学习意愿，一切将会水到渠成。

塑造出你的形象

你想过为什么那些大独裁者都梳着时尚的发型吗？是为了让你记住他们，或者更准确地说，让你记住他们时尚的形象，而不是作为暴君或怪物的模样。简而言之，这是他们的品牌形象。

就算你没想过要去征服世界，在商界也需要有自己的特征以便让别人记住你。在我们这个信息饱和的社会，这一点尤为重要。事实上，这样的特征是在这个纷杂的世界中突出自己、引起别人注意最有效的方式之一，而且还是免费的。

在Kiip，我们经常在品牌标语中加入公司的名字，比如保持真实（Kiip it real）、持续经营（Kiip it going）、坚持下去（Kiip it up）。我相信你也注意到了本书也是这样做的。

即使是在邮件中，我也经常说类似“保持佳绩”（Kiip up

the good work）这样的话。90%的收件人都挺喜欢这种说法的（另外的10%嘲笑我是个书呆子）。

这里的小诀窍是创造出自己的语言，让它成为你的品牌特征。Kiip不是在贩卖广告，而是在提供奖励。我们不会打扰别人，而是为用户创造出惊喜时刻。这可不只是随意说说，它正是我们贯彻的品牌策略，把它变成了自己的专属语言。

创造自己的语言是为了让你变得与众不同，有别于竞争者。这给人们传递了一个信号："其他那些公司经营的业务都是相似的，而我们是另一类公司，有自己的风格。"

我所使用的另外一种创立标志性语言的方式是每个月选择一个新的、相对不常见的词，然后重复使用，比如在和团队、客户交流的时候使用，也会在演讲、纸媒和广播中提及。例如，我用过"意外惊喜"。在这之后，我发现人们经常会向我重复这个词，就好像是他们自己的语言一样。这时你就知道自己与人们的潜意识创建了一种联系。

这群人甚至可能向周围其他人重复传播这个短语，因为它听起来很酷。

你也可以给自己的企业，甚至是你的个人品牌形象创造一条标语。宗教、名人、精明的商人甚至独裁者都是这样做的。

顺便说一句，我并不支持独裁，也永远不会支持，除非有一天我成为独裁者。即便是那样，我也保证会做一个非常善良的独裁者。这是我向世界人民做出的承诺，我也会遵守它（Kiip it）。

利用邮件的力量

爪哇的明珠雅加达坐落在爪哇海的一个海湾上，有木质的帆船在这里停靠。在这个世界第六大城市里，你会看到像万花筒一样迷人的文化、鲜花、山川、建筑和引人入胜的景色。

我上次出差就是去雅加达，直到现在脑海里还保留着许多生动的记忆。这些美好的记忆甚至让生意本身都显得不那么重要了。我希望自己能一直记得它。

雅加达的多姿多彩让你的记忆容量相形见绌。它在我脑海里留下的印象可能要等我下次再去那里时才能被唤醒。它为“过于丰富”这个词赋予了新的含义。

举例来说，当我告诉司机当天的会议安排时，他惊叫出声：“黄先生，你今天要开六个会？这根本不可能！”事实上，在雅加达你一天只能安排一个会议，因为你会花一天的时间往返在路上。雅加达的交通状况糟糕得可怕，它拥挤的路况让曼哈顿看起来就像一个空旷的鬼谷。

但是我已经安排好了6个会议，而且与会者都是当地一些非常重要的业内人士。我是怎么预约到这些会议的呢？大都是通过发送邮件获得的，错过任何一个会议都将是我的损失。

电子邮件是新型商业文化中最伟大的力量之一，它能建立或者损毁一份事业。它的终极能力是让你能够在亲身见到最有影响力的人之前，先联络到他们。

首先，你得先有他们的邮件地址，对吧？但是我并没有。因为他们想要保护自己的私人联络方式。但事实是，即使是隐秘的要人也并没有那么难找。最快的方法是不断进行尝试，先把邮件写好，然后在地址栏填上可能性最大的邮箱地址（比如，JackSprat@VISA.com），然后尽可能多地密送给潜在的地址组合（比如，Jack@VISA.com、Sprat@VISA.com、Jack.S@VISA.com、JS@VISA.com、JSCEO@Visa.com等）。开发自己的拆件系统，尽你所能地衍生出不同的地址排列可能性。当然，最后只有一个能送达，那就是你要的地址。如果那些邮件被退回来，你就知道这些地址是无效的。一旦你找到了正确的组合，这种组合方式也将适用于该公司的大部分人。你会吃惊地发现这个方法通常都是有效的。

还有其他能获得别人邮箱的方法，这些都需要更多的勇气而不是智慧：打电话到他们的办公室询问，向你的记者朋友们打听，垂询企业的公关部，在业界活动上叫住他本人等。你自己想象吧。

另外一个窍门是：当你得到了正确的邮件地址后，周末再给他发邮件。因为周末是这些大人物处理邮件的时候。但是，他一开始很有可能不会打开这封邮件。等到他三五次收到你的邮件后，对你的名字就会有些熟悉了。也许他们会好奇，也许他们点开邮件是为了拦截你的邮件地址。不管怎样，要厚着脸皮一直坚持，但也要对对方保持尊重。

尽量在标题上写上一些他们很难拒绝的内容。在标题中提及一个名字（比如万事达卡的Jack Sprat建议我联系你）总不会出错。通常提起一个他们想要了解的人会是个不错的选择，比如说他们的竞争者。

另外一个精明的策略是我从军事剧剧本中学来的：全方位进攻。向不同的账号发送这封邮件，从四面八方包围他，发给他们的总裁、COO（首席运营官）、他的高尔夫球童、任何与他有关的人。

最重要的是，要记得一个联络人会带来更多的联络人。如果你在这个行业认识足够多的人，就能找到要找的人。如果你不认识那么多人，那么可能不应该联络这个人。在吸引他们的注意之前，先确保你值得被注意。

如果你不能直接接触要找的人，至少可以出现在他们的视线里。让你的名字尽可能出现在他们的世界里：出现在他们的推特、Instagram（一款图片分享应用）、领英的评论和点赞中，出现在行业日报、杂志论文或者演讲者名单中的次数越多，就越有可能成功。他们会想："我好像在哪里听到过这个名字。"于是就更有可能回复。

还有，确保你的邮件能提供给他们一些东西。如果你想引起大人物的注意，永远记得要做付出者。千万不要提要求，没人会想付出，人们只想收获，这是人类的天性。最后，你的目的就是要和他们约一个面对面会面的时间。最好的一种方式就是："我会在这一天去你们的城市，到你办公室附近，给我 5 分钟，就能解决一个现在正困扰你的问题。"

每当我去一个新城市的时候，我都会发出 10~15 封邮件，我近乎每周都会去一个新城市。我这样做的次数越多，就越不用再依赖邮件来和别人建立联系。但是不要觉得你认识这个人，就能很容易地预约他见面。有时候反而会更难，因为他们认为自己已经得到了能从你那里获取的所有信息。

但通常来说，如果按照这些技巧去做，至少会有那么几个人会好奇，或者说会礼貌性地给你几分钟见面的时间。

让我们回到雅加达。我通过邮件和跨国企业埃培智集团在印度尼西亚的数字市场负责人拉差萨·夏尔马预约在上午8点半见面。我10点才到，我的司机为此感到很惶恐，结果拉差萨对我的守时表示由衷感谢。

通过和拉差萨见面，我意外地又遇到了其他一些东南亚最有影响力的人。另外一封邮件让我见到了一位在其他公司和拉差萨一样身居要职的人。第三封邮件则约见到了另一位商业大鳄。然后我的会议就由此展开了。

这不是说现在我和他们的关系有多密切，但至少他们会回复我的邮件和Whatsapp（在美国以外非常流行的一款即时通信软件，可以给全世界任何地方的人发送信息、图片、视频和语音留言）信息，对我以诚相待。这都是那几封邮件的功劳。

这就是我们触手可及的新交流工具的力量，我们身处一个社会流动性和连通性前所未有的高度发达时代，只要你足够勇敢去利用它。

你与世界近在咫尺。

向世界问好，从发送邮件开始。

使用惊叹号

是的，使用惊叹号！这能引起别人的注意！

如果你想要突出自己，引起别人的注意，那无论怎么加强语气或者积极表现都不过分。我最近开始经常使用“真的”这个词。当我说“经常”的时候，意味着我会相当高频次地使用它！我真的非常喜欢“真的”这个词，而惊叹号只用一个标点就能起到同样的强调作用。

你可能觉得使用惊叹号不够斯文。可能你是个懒散的人，可能你是低调或者喜欢嘲讽他人的人，也可能有时候你仅仅是觉得累了，但你没有必要将这些情绪体现在你的邮件里。

邮件的好处是，只要你按下两个神奇的按键，你就能将自己变成一个精力旺盛、热情洋溢、轻快高效、能量充沛的发电机。Shift+1 让你从早上的睡眼惺忪瞬间转化为企业家的精神状态。

有时候你真的要变成一个会走路、会说话的惊叹号。无论你是在和用户、媒体还是合作方说话都要如此，他们需要感受你的能量。尤其需要让你的投资人感受到这一点，即使仅仅是在发给他们的邮件中使用惊叹号。要记得，他们之所以投资是希望你能成为比他们更成功的人，希望你热爱自己的事业，希望你致力于打造世上最好的企业。如果你能通过按下键盘上的一个按键就表达出所有这些意愿，为什么不呢？

同样，一个笑容、一次有力的握手、一句威严的问好都能在你的头顶点亮一盏光环。影响别人对你的看法，惊叹号能带出大量信息，在一瞬间，它们就能传递出成功、热情、信心和能力的信号。

别担心这会让人显得老套，表现出热情并不会有碍于你的个人风格，那些冷漠或清高的人不会成功。俗气一点没什么。

惊叹号同样能很好地表达出你的意见！但是首先，你真的得有一个非常明确的观点，并且要很清晰地表达出来。论点要足够清晰，你才能强调它。

比如，当我说出“我觉得我们应该选 2 号设计师”，我可能表达了一些意见，也可能立场并不明确。我选 2 号可能只是矬子里拔将军，也可能我根本不记得 1 号的名字，还有可能是 2

号的名片正在废纸篓的最上面注视着我。

但是如果我说："我真的认为我们应该选 2 号设计师!!!"那只会意味着一件事：2 号设计师是最适合这份工作的人。毫无疑问，这就避免了表意含糊不清，尤其当你的信息是通过冰冷的、体现不了情感的书面方式发出来的时候。

更重要的是，当你合理地运用惊叹号时，甚至能在一些你尚在犹豫的事情上说服自己。它能改变你的情绪，就像科学研究发现当你微笑时，微笑的动作本身会对情绪和态度产生迅速积极的影响一样。

即使你散漫、低调、疲倦、喜欢嘲讽他人，或以上特点你都有，但看到或者使用惊叹号也能让你精神起来。

最后一个警告是：使用惊叹号，但不要滥用!!! 虽然不知道具体原因是什么，但是人们不喜欢你这样做。如果你等着我告诉你使用多少惊叹号算过量，抱歉！我没法告诉你。就像看某些电影一样，如果你看得过量，自己就会知道。

The Cheat Code

第四章

做一名开拓者

传统的智慧已死。我们有其他更好的领先于人的方式。这些技巧会帮你树立一个正确的心态，超越你的竞争者，并引领你的行业。

没有什么比得上亲身去经历

写下本节文字的时候，我正坐在一个普通的机场候机厅里，整理自己的思绪，并等待从台北飞往马来西亚的飞机，晚上约见了马来西亚的一些政府官员。然后我会坐当晚最后一班飞机前往新加坡，于当地时间的星期二（应该是）到达，星期三在当地逗留一天，星期四飞往雅加达去见一些潜在的投资人，最后搭乘6小时的红眼航班去上海。我喜欢搭乘红眼航班，因为我可以和目的地的居民在同一个时区休息，等我醒来就可以完成一整天的工作。

我想说的是，虽然我住在旧金山，但是我的工作地点遍布全世界，是的！是整个世界！整个世界都是我的办公室！这没什么特别的，现在每个人都或多或少有类似的经历。如果你没有，如果你还偏安于在世界的一个角落工作，那说明你只能利用世界上的一小部分机会。

如果你想了解这个世界，首先要走出去，走进这个大千世界。只有在距离你的舒适区千里之外的地方，才有可能利用这个世界的各种机会。我这么喜欢旅行就是想要从外部角度审视我们的企业。我想找到更多的机会，也让这些机会能找到我。无论身处什么行业，如果你也有同样的需求，必须要先走出去。

到新加坡之后，我要去见一些两年没见的人，但我们会像老朋友一样交谈，因为这期间我们一直保持沟通。他们可能和我目前的业务没有很直接的联系，但我千里迢迢去看望他们，是想听到一些颇有裨益的看法。

聪明的人已经不再去考虑全球化的概念了，因为他们直接默认了这个事实。如果说千禧一代有什么特性，那就是我们是信息时代的产物，只需指尖轻轻一点，就能在顷刻之间将信息传送到千里之外。这是前人没有经历过的。

于是包括我在内的很多千禧一代都认为自己是世界公民。在科技界尤其如此，因为科技本身就是全球一体化的基础。我就是个很好的例子：我是加拿大人，父母是现居美国的亚洲人。我经常在全世界旅行，对于我来说，去另一个国家就好像去邻居家做客一样。我的家并不限于旧金山，而遍布整个世界，我在任何地方都感觉像在家一样。

但就算现在你可以很容易地和全世界的朋友保持沟通，不管是通过脸谱网、推特、Whatsapp或者其他途径，这还是不能代替你真正踏上那片土地，去看、去听、去感受当地的风土人情。

在政界流传着一句俗语："政治的一部分就是你要不断出现在公众面前。"对于商业来说也是这样。事实上，这对于任何由人类关系掌控的事物都适用。在现今社会尤其如此，因为很多人的生活都离不开视觉媒体。

当然在你的舒适区里生活可能更容易，在家里通过网络经营你的人际关系也很合理。自然没有什么地方比家更好，但是离开家去旅行也同样是无可比拟的感受。

当忍耐着不安开始外出闯荡时，你的世界观和思想都将随之发展起来。

尝试走出去吧。

制造意外惊喜

你可以祈求意外惊喜降临到你身上，或者自己努力去让它发生。

天上掉馅饼完全是运气使然。虽然成功人士不愿意承认，但他们中的大多数其实都是幸运儿，只是有时候没那么容易看出来罢了。可能他们的运气就在于能躲开霉运，这已经是人生中莫大的一种恩赐了。

即使有运气的成分，机遇也只会留给有准备的人。当机遇来临的时候，你需要足够机敏去抓住它。当你抓住之后，就能充分利用它，制造出更多的机会。

如果你成功地做到了这一切，有一些人，尤其是那些根本没有努力去捕捉机会的人，就会说你的成功不过是运气使然。

有些人会因此而感到愤怒：“谁说我完全靠运气？我靠自己

闯出了一条路，为自己感到骄傲！”

别生气，也别去细数成功的原因，只需要利用你的优势，让好运像滚雪球一样越滚越大。然后祈祷吧，因为不幸也时有发生。在你祈祷的同时，准备一些应急预案才是明智之举。好运当然会来临，但做两手准备才是万全之策。

几年前我在德国科隆参加数字媒体博览会（DMEXCO），这是我喜欢参加的全球活动之一，因为你能在这种场合遇到很多“幸运”的人。你现在可能已经知道，“幸运”是会传染的。

我遇到的一个人是我在前文提到的盛会——全球媒体营销节的组织者查理·克罗。查理对我在数字媒体博览会的演讲印象深刻。我充分准备了那次演讲，效果也很不错。于是他走过来对我说：“你应该去参加全球媒体营销节。”该营销节在全球各地都有举办，查理帮我注册了最大的两场活动——新加坡和罗马。

就像之前的章节提到的，我在罗马的演讲效果非常好。就像越滚越大的雪球一样，我的运气带来了更大的机会，包括给Kiip带来更多的生意。

好运能带来更多机会的原因之一是，我一直在寻找这些机会。我把每场活动都当成寻找机会的跳板，而不是仅关注活动本身。

如果你把这些活动都当成一次性的行为，结果也将会是如此。短视的人会想："好吧！既然说好了，我就得去参加这个活动，完成工作就回来。"这当然不会有什么效果。于是他们就会想："看吧！我就知道这没有用。"

你一旦决定以完成任务的心态做这件事，就失去了所有可能随之而来的后续机会。

不论演讲内容是什么，就算是和一些商人的私人集会，或是简短的电视采访，我都会考虑自己还能从中得到什么，而我通常都能得到更多机会。

遇到的人手上可能没有我想要的机会，那又怎样呢？也许他们之后会有这样的机会，或者他们能把我推荐给其他人。能有人主动来找我就是件好事情，这能给我更多动力，也能证明我的表现不错。

重点是要有耐心。如果期待每件事都立刻会有回报，很快你就什么都不会去做了。

当你遇到了重要的机会，得全力以赴，拿出现在和将来所能拥有的一切，即使你得临时编出一套说辞来，也要冲上去。人们在压力之下，仅靠着微笑和肾上腺素经常会有非凡的表现。

要记住，你的任务是在所有场合都争取有最佳表现，因为你不知道结果会是什么。这是制造雪球效应的根本条件。

首先，你得知道重大的机会是什么。这意味着你需要做研究，研究那些其他人看不到的潜在机会，承担别人不愿意承担的风险，做别人不愿意做的工作。

然后你就得去争夺它。没人会把机会放在托盘上任君挑选。你得给别人发邮件、跟进、打电话、跟进、见面、跟进，一直坚持到机会的大门为你敞开。

之后你就要去那些机会所在的地方，不管它是在世界的另一头，在城市里最危险的角落，还是不知什么地方的偏远村落。对于你来说，这些地方都是一样的，是意外惊喜发生的地方。

最后紧紧抓着它别放手。

在意识到之前，你的运气就会像飞速滚下山的雪球一样越积越大，然后一切成功都将是水到渠成的事。

那是一种绝妙的感觉，如此令人着迷，你只有体会过才知道它是什么滋味，感觉就像在电影里扮演你创造的角色一样。

那些不想看见你成功的人，在你的幸运雪球飞速下山时就会半路消失，而想要和你分享成功的人，则会一起上路。大家会问："他是怎么做到这一切的？"

有人会说："那是因为他走运。"也有人会说："那是因为他足够努力。"

这两种说法都是对的。一旦雪球开始滚动，你就已经没法把幸运和努力两者分割开了。

尽可能地利用这个创意的黄金时代

你是商业史上最幸运的人之一。

我也同样如此，我们都是幸运儿。因为我们有幸生在这个宝贵又神奇的时代，享有大部分时代都没有过的机会。

这个机会就是：现在凭借创意可以赚到金钱，而不是依靠金钱投资去构思创意。

想想吧：总会有人有绝佳的创意，他们之中也有很多人因此赚到了财富，但是这对他们来说并不公平。这些人和他们的创意起不到决定性作用，金钱才是背后的推手。更准确地说，那些拥有财富的人才是最终决策者。这些富有的人可能是国王、军阀、强盗资本家、富豪、皇室家族或者骗人的政客，他们残忍地将金钱当作自己的武器。

之后人们发明了互联网，游戏规则就开始超出了前人的想象。

普通人的时代来临了。

在你注意到之前，一个机会就有可能再次消失，所以没有时间犹豫不决、再去等待更好的时机。计算机技术和互联网的出现创造出了难以想象的经济机会，原本握在大企业和政府手里的权力终于有一大部分落到了普通人手上。

历史的趋势是大人物压迫小人物，现今则是小人物掌权。然而在你意识到之前，权力之间的平衡就有可能再次倾覆。趁一切还没有改变，赶快做好准备，找到一个想法，然后行动起来。

在目前的科技界，你可以很明显地看出，创意比资金更重要。尤其对于硅谷来说，这里投资人的数量似乎比手握创意的人还要多。

原谅我要将你带回到经济学的基础课程中去：这意味着投资人的资金供大于求，而创意供不应求。这就将权力交到了创意者手里，而不是多如牛毛的金融家手里。

当然，想出一个新的创意并不容易，但是每个人都可以尝试。这大多需要一些智慧、勇气和一台计算机。真的，好的想法可能源于任何地方。这些优秀的商业创意甚至有可能源于圣昆廷监狱的一群犯人。这正是我在做的“最后一英里”项目（如果你好奇它是什么，可以用谷歌搜索一下。这是个非常棒的项目，是由我的一个投资人创建的），而这些犯人甚至没有电脑。

那么你如何能想出一个好的创意呢？这没有一定之规，大部分都是源于常识而已。但是我有一些小窍门可能会帮到你。首先，避免我称之为“飞天万能车”的陷阱。你可能记得在儿童电影里，他们造了一辆炫酷的可以飞的车。这是每一个孩子的梦想。那为什么我们不去制造一辆会飞的车呢？

因为没人需要它，过程太复杂，造价太高。你可能会拿到20个订单，但是不会筹到足够的投资造一辆汽车，因为市场没有需求。你不妨换个简单点的方法。

另外一个小窍门就是去翻找一下前人提出来但没有实施的想法，看看有没有可以利用的地方。有时候人们有了一个想法，但是他们以为这并没有什么市场价值，所以就放弃了。

想赚到大量的利润，有时候需要的只不过是再努力一点，或者付出大量的努力。但是所需的工作量越大，就越有可能超越那些潜在的竞争者，所以不妨挑战自己，去尝试一下。找到一个埋葬创意的坟墓，挖掘好的想法，看看你能不能像弗兰肯斯坦博士一样让它复活。

还有一个技巧是去找那些简单的事来做，它们是如此显而易见，以至于大家都为自己没能提前想到而自扇嘴巴。比如优步和Airbnb，这些想法并没有太多的技术含量，有时候最好的点子往往是最浅显的。

本节的重点很简单：我们在创意发展的黄金时代。在这个时代，无论贫穷还是富有、年轻还是年长，任何人都有机会改变自己的人生，过上其他年代的人梦寐以求的生活。

你不想成为其中的一员吗？

关注于不会改变的事物

现今科技的变化如此迅猛，以至于我们都把改变当成了一种常态。事实也正是如此。

但是有些事是不会改变的，找到它们，你就能赚到大笔的财富。

然而很多人还是掉进了只关注改变这件事的陷阱。现在人们都在关注发现“下一个重大变革”，但这世上其实并没有那么多新鲜事物。

“下一个重大变革”的一种形式是改进那些现有的产品。但是这种改造的竞争非常激烈，而且有时候也没有意义，那些产品本身可能已经运作得很好了。

相反，脱离这种一味求新的想法，关注不会改变的事物的人反而能占优势。

我是从杰夫·贝佐斯身上学到这一点的。他在电子商务时代来临之际，创建了亚马逊。一开始他和其他人一样，想着："完了，整个商业模式肯定会发生翻天覆地的改变。"

但是贝佐斯不仅预见到了改变，同时问自己："这其中有什么是不会改变的吗？有两件事：（1）消费者永远会想要最便宜的商品；（2）他们永远希望商品能以最快的速度送达。"该逻辑的推论是："只有在以下情况下我有可能是错的：（1）如果人们开始想要支付更多的钱；（2）人们希望物流的速度变慢。"

他有着远超常人的才华。

怪不得贝佐斯不担心短期利润呢。其他人在波涛汹涌的海域里为生存而挣扎，为追新而竞争，在每一次风向改变时都有人倾覆，而他在这片变化无常的海洋里，就像是屹然不动的鲸鱼。

如果你也想如贝佐斯一样，在海边的阳伞下，手拿着饮料小憩，就去寻找永恒不变的需求、经典的风格、目的地、表达方式、交通方式和交流方式，将其套入现在的行为模式。流行易逝，而经典将永存。

但是要用发展的眼光看经典的事物：不要只注意一棵树，要放眼一片森林；不要着眼于现在，要关注未来；不要只看到一个国家，要看到整个世界。

然后开始想想看，怎么能让这个世界变得更美好一点。

远大的愿景

让我们想象一下，你去参加一个展会，想要销售你的产品。你感觉相当自信，因为你的产品很有吸引力，而且比竞争者的都要好，你觉得自己一定会大受欢迎。但是没想到别人的反应却相当冷淡，是哪里出了问题？

最可能的情况是你的愿景不够远大。

如果你想引起别人的注意，不要在那里夸夸其谈你的产品。相反，你可以谈论一下大家都面临的问题，比如交通堵塞：“我知道你们都讨厌交通堵塞，我也一样，所以我找到了一个解决办法。”这样就能把你的产品和他们的问题联系起来了。

换句话说，将你的想法和他们在意的事情联系起来，然后他们就会意识到，大家都在关注这个问题。如果你的愿景足够远大，很快这就不仅仅是你个人的愿望了，它将会变成大家的共同愿望。

谷歌的愿景是将全世界的信息联系起来，因为在此之前，这个世界的信息确实不是有机联系的整体。以前也有过搜索引擎，但它们和谷歌不一样，也没能引起其雇员、客户、媒体和其他人的热情和忠诚。

谷歌改变了这一切。他们的功能和效率是如此强大，以至于让其升华成一种崇高的事业。不是每一种崇高的事业都必须和世界和平或解决饥荒问题有关。如果你有办法缓解交通拥堵或者让互联网以现今的方式运作起来，你就有了无比强大的力量。能让普通人每天的生活稍微轻松一点是件非常伟大的事，这种人可以被称为有远见的人。

迪士尼是另一家将企业和理念联系起来的公司，它推崇健康的家庭价值。该公司在涉足电影业、成为知名的工作室和网络之前，就提出了高质量家庭娱乐的概念。就算它现在推出一个质量不高或与家庭毫不相关的产品，人们也会原谅它，并耐心等待下一个迪士尼巨作。

在Kiip，我会确保我们做的一切都与我们的愿景相符。我不会在参会时告诉大家Kiip会制作出好的广告，我会说："我知道你们讨厌点击弹窗广告，我也一样，所以我找到了一个解决办法。”我不仅仅是在提供一种新的互动和参与方式，而是提供一种让人们爱上产品的方式。通过在客户取得重大成绩时给予奖励和参与游戏可以获得奖品的方式，Kiip在产品和客户之间建立了一种广告不能建立的纽带。

我从一个远大而真诚的想法开始发展自己的企业，当初的星星之火现在渐呈燎原之势。

这个愿景也吸引到了其他一些优秀的人才加入Kiip。他们觉得自己是在创造未来，而不仅仅是在制作广告。我们的工作反映了这一理念，也希望业内每个人都能明白我们的初衷。

我们的下一步是想要在目前成绩的基础上，进一步拓展业务。虽然我们最初的想法是在用户玩游戏时给予奖励，但是那样做的话，受众太受限了。然后我们才意识到一个常识：用户在日常使用所有的手机应用时都能达成不同的成就，而不仅是游戏。我们将公司和新的理念联系起来，开始和一系列其他手机应用和网站合作。

事情从此开始变得有趣起来。

我们公司才成立了几年，未来还会提出很多新的愿景。每个人都有自己的愿景，你的愿景是什么呢？

在现有事物上进行再创造

创造力可能是所有超能力中最强大的。

从根本上说，创造力是新兴公司的核心，因为这些公司是靠创造产品才成立的。新兴公司的核心理念几乎都是从创建者的创造力中衍生出来的。

创造力是成功的新兴公司不可或缺的元素。和别人一起开一家洗车行不叫新兴公司，前人已经做过了。新兴公司是要开一家用与众不同的方式洗车的洗车行，这种方式要远胜以前的方法，让所有人都想跟风学习。

但这并不是说要让你无中生有地变出一个想法。创造新的事物通常都是对过去事物的一种改造、一种再创作，哪怕两者的差距就像百科全书和互联网一样大。

你可以让世界上想象力最奇特的人想象一下外星人的样子。

他们想象出来的外星人大多都会是拟人的——有胳膊、腿、头和眼睛。因为我们对生物的唯一理解就是一种固定组合：头和身体。即使你是世界上想象力最丰富的人之一，也不太可能想象一个不符合这种规律的智慧生物。

重点是：如果我们最丰富的想象也不过是建立在现有事物的基础上，那么这对于其他事物来说也是如此。

创造甚至不需要拥有超凡的视角。天才的创意之一T型车就是一种（革命性的）再创造，源于马车。亨利·福特的创意不是凭空想象出来的，他只是以一种几个世纪以来其他人都没想到的方式，重新设计出了新的产品。当这个产品从梦想变成现实后，就在整个世界引起了巨大的反响。

将你的学士帽抛向空中

“我看着眼前这群充满朝气的年轻人……”

很多人都会在结业式的演讲中，以这样的话作为开场白，但我不会。

我喜欢带着笑容跳上演讲台，轻快地跟大家打招呼，让大家知道世界上没有其他地方比此时此刻更让人激动了。

我最近在温哥华博域中学的一次毕业演讲就是这样开场的。博域中学位于我的家乡不列颠哥伦比亚省，是一所私立寄宿制学校。该校的学生都很优秀，而且其中80%都来自其他地方——俄罗斯、亚洲、拉美以及其他经济快速发展的地区。这些学生的家长很重视子女教育，所以即使他们很想念自己的孩子，也要让他们离开家乡去争取更好的机会。

我演讲的题目是“尽情挥洒你的青春”，我知道学生会喜欢这样的题目。然后我就要讲一些本书的核心内容进行试水，看看大家的反应，结果学生们确实喜欢这些内容。

我知道本书的读者大多很年轻，或至少感觉自己是年轻的。当你准备要在社会上大展拳脚时，会经历那些年轻人的感受：激动、满怀希望、害怕开始但更怕无所作为。

所以以下就是结业式演讲版的本书。我将其改成了 7 点主要内容：

1. 做自己。我以一句名言作为开场白："做自己，别做其他人。"我提醒那些孩子，不管他们多大，总有人会试图告诉他们——他们是谁、应该做些什么。但是我想说，不论最终别人告诫你们什么，你们应该在自己真正想做一件事的时候再去做。如果你对"我是否快乐"这个问题的回答是肯定的，那不管你在做的是什么，就都是对的。如果其他人说你做得不对，不用去理会他们。

2. 将弱势变为优势。我知道这些来加拿大读书的孩子可能会觉得自己在异国读书，处于弱势，因为教学使用的语言不是他们的母语。但是几乎无一例外的，他们将会发现能流利地说一门外语是一个巨大的优势。这种思维方式的转换会一直有效，就像是武士的精神控制术一样。你可以轻松地把一个一般会被认为是弱势的事当作优势。这只取决于你怎样想。

3. 不要害怕与众不同。我告诉他们不要在意自己是否合群，而是要找到展示自己与众不同的最好方式。我请他们不要放弃那些在故乡的课余活动中学到的技能，尽管那些活动在加拿大可能不那么流行，因为这些技能才是许多加拿大孩子不具备的。一个好坏参半的事实是，我们都是一个流水线的产物，但如果你知道怎么去设计自己的模型，就有了独特的优势。某一天，在一个意想不到的时刻，你拥有的所有技能都将派上用场。这些才能最终会将你和那些拥有与你一样学位的人区别开来，而你越与众不同，就越无可替代。

4. 要有远见。一个小的想法可以衍生出伟大的创意。不要想着"我要造一架飞机"，而要想着"我要造一只火箭飞船"(或者算了，埃隆·马斯克都已经做过了。造个喷射背包怎么样？不行，美国国家航空航天局已经在研制了。不然我们去研究登月的新方式吧！这就比较接近我们的想法了！大胆设想吧)。

5. 争取你想要的。我喜欢这个看似平凡无奇的小建议。你得去争取比别人提供给你的更多的东西。如果他们拒绝了，那又能怎样？如果他们答应了，那再好不过。如果你自己不去争取，就没人能帮得了你。如果你自己不开口争取任何事，最终会得到什么？什么都没有。

6. 细节很重要。学生可能不想听这一点，但我还是要告诉他们，父母强迫他们去做的一些小事将来会有回报的。比如微笑、刷牙、整理仪容、提前计划、有始有终。正是这些看似平凡的琐事，将我们塑造成了现在的样子。随着时间的流逝，随着能力和责任的增加，这些好的习惯也会随之扩大。直到有一天，有始有终的好习惯促使你再修改了一下某个困难的课题，然后你就突然取得了价值百万的发现。在你还是孩子的时候，这听起来可能像是无意义的唠叨，但是有一天这些教导会展现出自己的意义。

7. 天生我材必有用。最后一点要感谢史蒂夫 · 乔布斯，他曾拍过一段 42 秒的视频，正说明了这一点。这段视频在科技界广为流传：有一天乔布斯走在街上，突然发现他所看到的所有事物——交通信号灯、人行道、商店，都是由智商不如他和其他精英人士制造的。那一刻，他清楚地了解到每个人都有潜力去做出一番事业。当意识到这一点时，你就会变得截然不同。当你创造出一些东西时，世界就会变得不同。

我想说的就是这么多。把你的学士帽扔向空中吧，但别等着它掉下来。

赶快行动起来。

这个世界还在等着你呢。

做一个双眼被蒙住的赛车手

本节要介绍的技巧可以被称为“创业者的精神操控术”。继续阅读，你会知道原因的。

就像我之前说的，创业的方法不是学校教出来的，所以肯定有其他的途径成为创业者，对吧？

途径是有的，只是你可能没意识到。

比如2015年我实现了学习开赛车的愿望。那之后我意识到创业就有点像开赛车，两者都是在双眼被蒙住的情况下前进的。

我解释一下：首先，工作人员先对我们进行安全培训，教我们一些实用的技巧。课程结束以后，每个人都觉得已经掌握了需要掌握的知识。

然后我们去专业赛道进行场地实践，刚才所学的所有知识瞬间就被抛到了脑后。

我想说的是，开赛车不是通过理论学习能学会的。理论的价值所在是为了告诉你虽然可能发生一些惊险的状况，但是你还是会活下来的（也许吧）。那些理论并非教学指导，而是一种精神疗法。

真正的学习是我像离弦之箭一样奔驰在赛道上，每天开上百英里，到最后几乎都不用去看路的过程。这是我逐渐对赛道的每一寸都非常熟悉、了然于心的过程。我不用去看就知道什么时候可以一路向前，什么时候需要猛踩油门，什么时候我得减速。我知道哪些弯道需要轻踩刹车，哪些弯道可以一直冲过去，每一次都是如此。

职业赛车手在同样的赛道上驾驶了上千次，就算是蒙上眼也能开。也许能行吧。没人这么试过，因为这么做就太蠢了。虽然听起来挺有趣，就像《塔拉迪加之夜：瑞奇·鲍比的民谣》里演的那样，但是真的去做就太蠢了。

纯靠感觉去驾驶赛车，如同钢琴家不用看琴键也能弹琴（还有那些由肌肉的记忆主导的运动），都和创业有异曲同工之处。肌肉记忆是可以培养的，但是别人没法教会你。你得放弃思考，让大脑和身体自主行事。

创业不是你可以刻意去说："我要从今天开始创业。第一步是这个，然后再那样做……”它是你做事的方法、生活的方式，是一种风格、一种道德规范，就像开赛车一样，它让你兴奋。

这就是为什么我拒绝告诉别人如何成为一名创业者。他们实际上就是在问和那些培训视频一样的东西：美其名曰辅导课程，这能减少他们的恐惧感。

如果感受不到害怕，你就成不了创业者。恐惧是你的朋友，如果你不会恐惧，说明你不过是处在前人到过的地方。这就不算创业，你得去探索新的地方。

当你到了那里，不要寻找路标，只需要接受自己注定会走上的这条路就好。

那时你就能称自己为创业者了。

培养企业家的品质

成功的企业家身上有一些普遍的性格特点，就像这些人在出生时就有这样的基因一样，事实却并非如此。

在创业的时候，每件事都需要你自己去争取和学习，但这并不是说每个人都能学会企业家的行为特点。

如果你仔细观察，这些特征会变得更复杂和独特。

几乎没有人是在创业的过程中学到这些品质和性格的。一般情况都是，之所以成为企业家，是因为你在其他地方都已经学到这些东西了。如果现在你的身上还没有这些品质，创业之路可能会很艰辛。

但是一旦你有了这些品质，你就走上正确的轨道了。你只需要找到对的项目、人、时间和地点进行运作。那么成为一个好的企业家，需要哪些独特的品质呢？

先从信任开始。你得有能力去盲目地相信生命中一些特别的人。如果你无法给予工作团队全身心的信任，他们就没有空间和信心去创造佳绩。

但是你不能随随便便就去相信一个人，不然下场一定会惨不忍睹。这一品质的其中一部分是要能分辨哪些是能帮你的人、哪些是会害你的人。如果你能找到更多帮你的人，这就没问题了。

你还需要厚脸皮。如果你成功了，你会被辱骂、质疑和出卖。事实上，你越成功，这些事就越有可能发生。不要觉得这是针对你个人的，不要细想。有时候这只是一种策略，有时候你可以完全不用理会，有时候发生的一些事让你可以引以为鉴。你要尽量从积极的方面去想，然后继续前进。

学会区分。如果你的男朋友甩了你，却是因为你最好的朋友从中作梗，还有人偷了你的信用卡，你要像什么事都没发生一样去上班。这些事和工作无关，忽略它，忘掉它。如果当天开的第一个会完全是场灾难，你要若无其事地去参加下面的会议。会有合适的时间和地点让你去平复情绪，反思过失，但是当下的时间不适合做这些事。每一个需要你去表现的机会都是彼此独立的，每一个都是重新展现自我的机会，请把这些机会与时间和平时分隔开来。

向斗牛场上的公牛一样顽强和坚持不懈。这两个词听起来意思好像是一样的，但其实还是有区别的："顽强"是忍受逆境的能力，"坚持不懈"则是指持续不断地努力。它们彼此相得益彰。有了这些品质，即使处在最低谷，你也会坚信自己终将成功。顽强和坚持会让你充满活力，不被疲倦影响，这会让你保持兴奋状态。

有一点需要说明的是：只有在不断的失败中你才能成为一个顽强的人。如果一直顺风顺水，你不会有这种品质。我见过的企业家很少有含着金汤匙长大的人。但是有少数家境富裕的人，因为这种先天优势很利于培养坚持不懈的好品质。从成功背景下成长起来的人也会期待自己能够成功，所以他们更有可能不懈地去追求。当然，也会有那些一事无成的纨绔子弟。如果家境优越，并不断努力工作，你通常会取得不错的成就，尤其是当你能避免那些让人泄气的重大失败时，或者在遭遇这样的失败之后，逐渐培养出顽强的品质去克服它。那些有先天优势、顽强和坚持的人前途不可限量。

拥有丰富的资源。你必须清楚地知道自己手上有哪些资源能够支配，以及如何分配这些资源以便达到效益最大化。如果你的资源有限，就得找到在资源匮乏的情况下做出一番事业的方法。这不是件容易的事，但是成功的企业家一直是这样做的。其中的一种方法是虚张声势，如果你善于虚张声势，它能帮你越过那些障碍，就好像它们原本就不存在一样。给你一个忠告：在你虚张声势的时候，要给自己留一个可以回旋的余地。无所顾忌地虚张声势根本站不住脚，你都不会相信自己说的话，而别人更是能一眼看穿你的恐惧，然后直接拒绝你。

虚张声势需要自信。自信是另一个不可或缺的品质。你需要真的相信自己的产品和创意非比寻常，而不只是自欺欺人。你的信念会让梦想成真。如果你非常善于说服自己，你的信念就能感染其他人。当和一个非常有自信的人在一起时，你分辨不出他说的究竟是真的，还是仅是夸夸其谈，但你并不会在意。我知道，这听起来很疯狂，但大多数企业家都是疯狂的，“疯狂”在这里是个褒义词。

同理心很重要。是同理心，不是同情心。虽然同情也是个很真实、善良的情感，但这其实是在说：“对，我知道你完蛋了。”这产生不了什么成效。同理心是指：“我理解你的感受。”但并不会传播失望的情绪。

同理心能让你从其他人的角度考虑问题，即使那个人在当下并没有经历什么实际的困难。在这种情况下，同理心就好像直觉一样。一个直觉敏锐、能换位思考的人能在30秒内就了解对方的心态，并知道如何说服他。

带有同理心的直觉能帮你说服别人。想想那些让你去做一些事，还让你以为这是自己的主意的人。在这种情况下，这些人只是感知到了你想要的东西，并且给了你一个好的理由去追求它。这就是说服的力量。要具有说服力，你还需要洞察力，或者说感知能力。如果你很敏感，不需要总是站在别人的角度才能知道他们的想法，也不用依赖虚无缥缈的直觉。你只需要观察别人，研究他们的肢体语言、语调、和别人互动的方式、衣着、认识的朋友和喜欢的事物。你就像是夏洛克·福尔摩斯一样。这并不是什么高深的科学。这些品质加在一起，就是人们口中的情商。高情商的最终准则是：成为最好的自己。争取做一个父母小时候教导你成为的人吧：一个善良、自信、有雄心、坚强，同时真正在意他人想法并聆听他们的人。我知道，这些标准无论是在儿时还是现在都不容易达到。不妨先从诚实地审视自己开始，看看你是否接近那个最好的自己。如果是，你就已经获得了成为企业家的品质。

一往无前

我最喜欢的企业家就是那些特立独行的人。

这些人已经建立了自己对成功的定义，并严格践行。他们不在意别人的想法、观念，或者任何其他事情，只专注于实现自己的愿景。他们是全身心热爱自己的事业，而不是为了别人的赞赏才这样做。

这些人的追求源自内心的渴望。他们觉得自己必须创造一些新的事物，如果不让他们去做就等于毁了他们。这样的目标从另一个角度来说就是一种狂热，他们热爱这种狂热。

我钦佩这些有热情的人，因为他们会不惜一切代价去追求自己的理想，让它实现。就好像是有人给这些人下了魔咒，或者说他们给自己下了咒语，让自己处在这种迷乱状态。其中的一些人直到取得成功之后才能从中解脱，但也有些人投入了过多精力，只能至死方休。

如果你做事情无法不全身心投入，那就说明你也有这种品质。那些觉得自己可以只投入一半精力和资源也能成就事业的人，可能只能取得一半的成功。这些人通常按照自己的生活方式安排事业，而不是按照自己的事业去安排生活。他们是为了生计才工作，为了赚取足够的收入维持现有的生活水准，而不希望工作影响自己的其他爱好。有些人能满足于此，这当中的很多人也赚到了足够的收入，能够满足家人的日常所需和保持较高的生活品质。

如果这是你想要的生活，也没什么不好。但是我宁愿做个一往无前的人，和那些毫无保留地投入自己的事业中，只为了心中那份热爱的人一样。对于这种人来说，创业精神即是一种生活方式，而不论赚钱与否，他们之所以投入，只是因为钟爱自己做的事。

对于这些人而言，他们有时候就好像自己故意选择了一些不可能完成的任务，因为那才是真正能造成一定影响力的事，正是这种影响力能点燃他们眼中的光芒。或者有时候是去挑战不可能完成的任务的那种感觉，那种兴奋和恐惧燃起了他们内心的火花。

还有一件值得一提的事：虽然这些狂热的企业家似乎有机会赚到想赚的钱，但他们又会把这些钱彻底投入事业中。这些人如此疯狂，但又如此杰出。你无法预知他们之后会做什么。也许这些想法会制造出让世界为之震惊和改变的成果，也或许最终一文不值。但他们对这两种结果都能接受，因为他们已经经历过太多沧桑，而不再会被失败困扰。

我喜欢和这些人在一起，了解他们正在为之奋斗的事业。他们是如此热情和兴奋，这也会让我振奋起来。

这就是那些一往无前的人，你很难不被他们鼓舞。

展示出一个企业家的才智

好消息是，你不需要非常聪明才能取得非凡的成功。

更好的消息是，就像不可能将大脑设置成定速巡航模式去驾驶一样，你也不可能任企业自由发展。作为一个企业家，你是一点一滴地在亲手创建自己的生活和公司，而每一个点滴都有其意义。

如果第二个消息对你来说听起来像坏消息，那你可能不是个天生的企业家。

有很多人都希望能有一份闲散的工作，每天完成一些合理的、为数不多的任务。这当然更加轻松，想避免压力的想法也并没有什么错。

但这可不是企业家的心态，企业家更希望保持兴奋而不是轻松。他们宁愿接受挑战而不是舒适度日。相比于躲避压力，他们更倾向于身处压力之下，因为这能增加成就感。

对于企业家来说，高智商当然是一个有利条件，因为它能增强学习和记忆能力。即便如此，高分毕业或者成为门萨俱乐部[①]并非创业成功的必要条件。这种智商上的优势可能在传统的商业社会中更为宝贵，但即使是最大型的企业也不会在招人的时候加入对智商的具体要求。

要成为一个成功的企业家，我认为最基本和不可或缺的才智是同步逻辑和创意。他们能看到问题，这听起来容易，做起来难。他们能解决问题，能理解复杂的事物并且解释给普通人听。他们能将复杂的问题分解成不同的部分，不会被过多的细枝末节牵绊，也不会漏过任何重要信息。

成功的企业家会持续吸收信息，并尽可能有效率地将其传达给对的人。他们会确保每个人都能理解最基本的问题，并且向着同样的目标一起努力。

这种问题管理能力不像脑部手术一样复杂，所以你也并不需要像爱因斯坦一样聪明才能做一名成功的企业家。讽刺的是，真正的脑科医生的天赋在于对细节的精准把握，他们也通常不

① 门萨是世界著名智商俱乐部，1946年成立于英国牛津。——编者注

太参与团队项目。这些人也许会觉得做一名企业家比做脑部手术更难。

所以不要担心自己是不是够聪明，而要致力于想出聪明的创意。

不要在意运气

幸运和霉运都时有降临，你没办法控制它。

就像我在前文说的，很多人认为意外惊喜就是天降鸿运，但其实不是，意外惊喜的定义是宝贵、出乎意料的结果，这并不是自然而然发生的，它是在你时刻留心寻找时才能找到的。

对于我来说，最大的意外惊喜可能是在我 15 岁打冰球的时候发生的。那时，我的体能比不上其他大多数队员。但我会竭尽全力，成绩也还不错，这满足了我的自尊心。直到有一天我的膝盖被狠狠打中，几乎粉碎了股骨的下生长板。如果这个位置被打中，我的腿骨会永远停止生长，但受伤的部位偏离生长板一毫米。这就是运气！

急诊室的医生帮我照了X光，没看到什么不对，他告诉我这是肌腱断裂，让我回家休息，直到康复之前尽量不要走路。

如果我照做了，我这一生就得一瘸一拐地走路了。我的母亲是个护士，她不同意医生的说法，而且迅速安排我做了核磁共振，最终看到了真实的断裂情况。这是意外惊喜！不光是因为它使我的腿骨保持了完整，而且因为如果你的母亲为你做了这样的事，由此产生的感激和尊重会让你终生铭记。

在我受伤后一年左右的时间里，我都得靠轮椅和拐杖行走，需要父母和朋友帮我做最基本的事。对于一个忽然残疾了的少年来说，最可能做的消遣就是：打电动游戏、看电影或漫画。我做了不同的选择，决定利用网络课程提高自己的设计能力，这在后来带来了巨大的意外惊喜，因为这开启了我的职业生涯。如果你认为这只是一种不同选择，而不是意外惊喜，就太高看我了。即使对一个青少年男性来说，其他的三种癖好也很快就会令人厌倦。无论怎样，我觉得自己的头脑和残废的腿一样渴望得到锻炼。

在康复期间，更大的惊喜是我了解到家人和朋友究竟有多慷慨。只有在经历生活的坎坷时，你才会真正领会到这一点。最后一点惊喜是：我发现即使一名少年也能创立一家公司。

在写下本节两天之前，我又一次回到冰场上，这是在我受伤之后第一次再尝试打冰球。即使我已经是一家国际公司的

CEO了，我还是像一个10岁的孩子一样紧张。在比赛前我练习了几次，但是我反应很迟钝，而且也没有足够的体力打完整场比赛，但我同样知道在不得不退场的时候，自己的自尊心会受到伤害。

然后我们队的一名队员和对方发生了冲突，被罚下场。真糟糕，我们没有替补人员，而我也已经精疲力竭了。运气真差！

别去理会什么运气，这其实是个意外惊喜！我接受了这个事实，反而表现得远超自己原本的水平。我将体能运用到极限，几乎没有力气开车回家。

我还是回到了家，一夜安睡，醒来的时候带有那种少有的身体上的自信——一种你只有在突破平时的体能极限之后才会体验到的自信。你没法从赚钱、环游世界或登上杂志封面中获得同样的满足感。

它勾起了我一些已经多年没有过的感觉。事实上，是9年没有过的感觉。现在我等不及想再次回到冰球场上。

不要去理会运气，意外惊喜时有发生，而且感觉很美好。

写下来

一个好的演员（要记得所有的企业家都是好演员）能将故事诠释得像真的发生在你眼前一样。一个伟大的演员几乎只需要肢体语言就能做到这一点。

我参加过上百个销售会议，那些销售员的演说让人记忆犹新，真该有人把它们录下来。他们将想法讲述得活灵活现，就像一个百老汇明星一样抓住了现场观众的心。

但这并不能说明他们的想法一定很出众，一个非常糟糕的概念在那种情况下也可以听起来很不错。

可是当你将事情落到纸面上时，事实就浮出水面了。你读上一两页就能知道这个想法是聪明还是愚蠢的。语言越简单越好，不需要类比、讽喻，或是写成故事，只需要陈述基本事实。

任何事情在变成白纸黑字之前都是虚幻的，都是空口无凭。

亚马逊深知这一点。在我提交第一轮比稿给亚马逊合作团队之前，他们就希望我不要使用演示文稿，他们不喜欢别人给他们画一幅图片或来一场表演。他们只需要你用清楚和通俗化的文字解释这份提案或者项目的内容，最好能在一个段落之内就结束。强迫你采用一种形式去说明每一件事都是有道理的。写下来就是其中一种方式，而且效果很好。

将事情写下来还有一个很大的好处，那就是你会记住自己写下的内容。我也不愿意重申这么浅显的道理，但是我担心很多人并没意识到这一点。

我在各种会议上时常四处环顾，似乎只有我一个人在做笔记。

当我和同事们一起参加会议时，我会问他们："你们怎么不记笔记啊？"他们说："没关系，反正我们都记得。"对此我会说："不，你们记不住。"

说这话让我感觉自己像个家长，但是不能让这些内容凭空溜走，我需要他们记住。

有太多次别人会问我："关于这个项目，你需要我做什么来着？"然后我就得去查阅记录（因为我会将事情记下来），然后再告诉他们一次。如果说这世上有什么事是我不喜欢做的，那就是对同一个人将同样的事讲两次。

这不仅加重了我的工作量，还会让我怀疑他们是否忘了其他什么事。我希望他们忘记的内容不会损害公司的利益。

做记录的另一个好处是，它能三倍加强你的记忆。除听觉记忆之外，记笔记还可以增加你的视觉和动觉记忆。

记笔记的意义还远不止于此。如果你不做记录，会在脑子里留下太多杂乱的东西，占据了其他更重要的事的记忆空间，减少了大脑处理其他工作的能力，也会降低你的创造力。

当你将大脑从不必要的负担中解放出来，就有更多的空间留给更重要的想法。如果你足够聪明，就会制造一个简单明了的系统，让你不用花心力去记一些诸如你把车钥匙放在哪里了这类日常琐事，你可以每次都把它放在同一个地方。

埃莉诺·罗斯福是除了历任总统之外，曾在白宫中居住过的最有权势的人。她曾这样说道："伟大的心灵谈论想法，平庸的心灵讨论事件，小家子气的人才议论他人是非。"对此我有个合理的延伸：最渺小的心灵才讨论他们把车钥匙忘在哪儿了。

数字时代让记忆存储变得前所未有的容易。毕竟，计算机的本质就是记录，而当该功能被优化使用时，它能成指数倍数地加强人类的思想。我们可以有效地利用计算机将琐事从大脑额叶中抹去。

我们已经看到数字科技的力量改变了一些脑力工作者的工作方式，比如医生和律师。在工作计算机化以前，医生和律师需要超强的记忆能力记住所有细节，这影响了他们在其他地方的发挥。现在计算机拥有巨大的数据库，只需鼠标一点，法律和医学信息就立时可见。医生和律师就可以专注于其他事情，比如让自己更具创造性、更有同理心，能从更加整体的角度考虑问题。

从最基本的层面来说，记笔记能让人更加有条理。没有条理的人能在Kiip里坚持多久？不会太久，这是我唯一需要记住的事。他们的平均任职时间是多久？我不知道，但如果给我一分钟看一下文件，就能告诉你答案。我当然不会记得这些。

珍视两个人的力量

我们的文化本就宣扬个人主义，再加上媒体的炒作，比如一个独身的企业家在折腾他的地下室或在车库里组装计算机时，想到了一个价值千金的点子，让所谓“个人力量”的概念盛行。但实际上，两个人的力量会更大，三四个人则更好。

个人最强大的力量是让其他人一起加入团队。没有任何一家显赫的公司是由一个人撑起来的，通向伟大的道路无法孤身前行。

有的人衡量成功的标准是看他们在没有帮助的情况下，自己能做到什么地步。但是真正的成功无一例外地都包括团结他人的能力。它能创建一个有机的整体，这比简单的局部整合更有力量，因为他们有共同的愿景和目标。

如果你是一家新兴公司的创立者或者正在开始创业，首要任务就是要找到和你并肩作战的人：他们就像忠诚的兄弟姐妹，杰出、善良、有趣，而且对模糊性有高度容忍。

你是队长，任务就是要挑选出好的队员。

尤其是在创业的初期阶段，最重要的是找到能独当一面的人。如果每个人的能力和长处都一样，你无异于自掘坟墓，只会引起亏损和争执。

最好的团队是精挑细选的，要保证每个人的目标、价值和理想的一致性。当你做到这些后，成功就是水到渠成的事了，会让你感觉不费吹灰之力。

在讨论领导力的时候，人们经常用队长来做类比。但在现实生活中，如果你是一名经理人或团队的领导者，你会更像一名教练，而不是队长。

为什么这么说呢？因为如果你是教练，将是唯一知道最终目的地的人，或者说是唯一知道每天行进方向的人。不是每件事情都要让团队的所有人知道，因为你需要一些专注做好自己本职工作的人。如果每个人都要知道整体布局，效果可能会适得其反，尤其是当你想改变方向的时候。

作为一名教练，你需要和队伍保持一定的距离。有时候你需要离开一下，无论是身体上还是心理上，就好像灵魂出窍一样。从外部的角度审视你的企业，才能更容易修复系统上的一些问题。

尽管教练需要着眼于大局，让团队的各个部分紧密结合成为一个整体，同时也要留心于局部问题。因为通常来说，每一个小的细节都从不同层面反映着整体的状况。所以你需要理解工作的所有部分，能在任何时间深度介入，来帮助一些人解决具体问题。

这是全面了解公司状况、在各个工作岗位上都有一定经验的好处之一。在新兴企业里，这是自然而然的事，因为你可能每种工作都要做上一点。如果你思维开放、思想敏锐，能随时开启创造性思维模式就更好了。

即使能打造这世上最好的团队，如果没有任何一种超能力，你可能也成不了CEO。当然经理人可以在企业建设的任何时间进入，帮助建设团队。经理人要记住，你只是企业的经营管理者，而不是所有者。

伟大的企业家——企业创建者和CEO，能明确知道自己的超能力是什么，而且几乎每天都在使用。超能力可以是任何一种超强的经营能力、科技、公共演讲、销售能力或其他什么，它需要有重要的功用，而且公司里没有人能在这方面与你相比。企业的创建者永远都是团队建设的基石，而基石是不能更换的。

只有地基，没有建筑的土地也是无用的。你可能是团队的建设者，但团队的全体成员才是最终建造起摩天大楼的人。

出发

很多人将自己的业务往来限制在电话、邮件、Skype（一种网络电话）、短信和视频会议上，这缺少了重要的一环。它让你待在舒适区，无法向别人展现你的全部性格。即使在会前没做好功课，你也可以借用笔记或数字工具来掩饰。事实上，亲自去参加一个会议才会凸现你的作用。人们能看到你的相貌、笑容，和你握手、眼神接触，感受你的魅力、自主性、智慧和敏捷的反应能力。他们会很高兴看到你出席，也许你能借此开展社交，甚至彼此成为朋友。你成为一个有血有肉的人，而不仅仅是个商业实体。

国际橄榄油进口商人迈克尔·考利昂曾说："生意不只是生意，它永远与私人情感相连。"

问题是你得去现场。这通常意味着要出门旅行，而飞行不是一件容易的事。如果你可以打个响指就到达现场，肯定每次都会过去。

下面介绍一些能让旅行更容易的小窍门。这很重要，我们崇尚简单，摒弃复杂。

轻装上阵。对大多数国内旅行来说，只需要打包一个手提行李就足够了。当携带手提行李时，你不需要在传送带旁担心行李何时出现。尤其是当你出差时，文件、设备甚至衣服都是不可替代的。温馨提示：即使你要托运行李，也要随身携带重要物品。

订周三的机票。大部分航空公司当天的机票都更便宜。如果其他人帮你订票，要确保他们知道价格的重要性。关于金钱有三条定律：（1）有钱人不会像没钱的人一样在乎它；（2）有钱人不像没钱的人那么努力工作；（3）有钱人不会像没钱的人一样节省。如果助理相信以上任何一条定律，他们应该不会乱花你的钱。

选择最靠前排的走道座位。你会是最先下飞机的人，而且中途去卫生间也不用打扰其他人。这对于长途飞行来说很重要，尤其当你旁边的人在睡觉的时候。

别太早到机场。如果你迟到了，就能优先安检。参与每一家航空公司的会员计划，以便积累里程。在意识到之前，你手上至少就会积累几个能让自己优先过安检的会员卡了。有些人不管有没有这些会员卡也会去排优先通过的队伍，因为通常来说工作人员要求你出示有权享用特权的会员卡，会被认为是一种差劲的客户服务。如果你想要优先登机，找一个人数不多的队伍会容易一些。机场排队的公共秩序更有利于晚到的人（如果你知道如何申请优先通过）。从某种角度来说，他们同样惩罚了那些早到的人，所以迟到是合理的。

想要睡觉，别翻来覆去地折腾你的枕头和毯子，因为这对睡眠没有帮助。当搭乘晚班或夜间航班时，你比较疲倦。如果需要，你可以喝一杯酒或者吃一片弛缓药，前提是你到了目的地不用开车。别浪费时间阅读杂志或者玩电子设备，你可以在Kindle或者平板电脑里储存一些读物，但不要处理那些需要全神贯注的工作。

预订一间尽可能安静方便的酒店房间，而别去在意那些琐碎的酒店设施。最重要的设施是客房服务，如果你一大早有会议安排或者想要边吃饭边工作，这会非常有用。

运动是有益的，因为它对身体有好处。不妨尝试去市区里走走，感受一下当地的气氛，而不是在健身房里健身。参观一座新的城市本身就是一种学习，尤其是当你在国外的时候。这同样能给你和你要见的人一些共同话题。

如果你想制造一些难忘的回忆，不妨在城市漫步的时候，听几首新歌。之后，当你每次听到这些歌曲的时候，你对那座城市的记忆就会再次涌上心头。

没有无聊的城市，只有无趣的旅客。人们居住在一个地方是有自己的原因的，你可以很容易找到这些原因：问问当地的人。和当地人谈论他们的城市就是一种学习方式。

你的旅行越轻松，就能到达越远的地方，你的世界观也将随之拓宽。

你越去探索不同的人居住的地方，就会越喜欢这个世界。自此就算身在天涯，也会感觉家在咫尺。

做一个值得被投资的人

随着大环境的改变，现在筹集资本要比以往任何时代都要容易。

当然，由风险和回报决定的投资的一贯标准依旧适用。但是投资的工具、条件和机制则一直随着商业环境的不断变化而变化。

2012 年，由于《创业企业融资法案》（也称JOBS法案）的引入，投资环境有了巨大的改变。它废止了很多烦琐的手续，并允许很多人采用更灵活的方式进行投资。投资人在投资一家企业的时候不再需要获得政府部门的认可，投资金额也不设上限。

全新类型的投资来源为一些企业提供了发展机会，比如众筹平台Kickstarter。它似乎是突然兴起的，但是在它成立的6

年时间里，就从近800万个赞助人手上筹集到了15亿美元的资金。一开始的时候，Kickstarter就好像是一个业余爱好者随便玩玩的玩具，因为在企业发展初期，很多项目都不切实际或者无足轻重。但是由于互联网的触及范围之广，该企业迅速发展起来。现在Kickstarter已经资助了一些具有突破性的产品和想法。

Kickstarter的目的很简单：给那些被传统集资方式拒绝的创业者和发明家开设一个融资渠道，使他们有机会去实施自己的项目。资金将从大众手中筹集而来：从每人手中筹集小额资金，之后积少成多。如果10万个人每人投资10美元在一个项目上，总共筹集到的资金就将达到100万美元，这足够资助大多数新兴企业了。我们要感谢Kickstarter，因为筹集10万个10美元，要比从一个人那里一次性筹集到100万美元容易得多。

Pebble智能手表就是一家没能从传统渠道筹集到资金的公司，它于2012年在Kickstarter上线了众筹项目，目标是筹集10万美元。如果公司最终筹集的资金达到预期，投资115美元以上的赞助者就可以获得一只手表。结果在两小时之内就达到了目标。筹集到的资金在第一个星期内就增至500万美元。他们在 2015 年推出第二代手表（Pebble Time）时，又有大约 78 000 名赞助者投资了 200 多万美元。

我在 2010 年首次筹集资金时，正值经济大衰退，那时情况与现在大不相同。当时我的选择相比现在来说非常有限。真正的投资人基本只有两类：天使投资人，即投资新兴企业以换取部分所有权的富豪；风险投资人，即利用从大众、企业和其他基金中获得的资金用于投资的人。

现在当有人问我应该如何筹集第一桶金时，我会回答说："朋友你真幸运！现在市场上有大量的项目种子期投资人。"

正因为有这么多方式可以筹集资金，现在正是提出想法、和朋友共同完成的最好时机。

现在有孵化器可以帮助新兴企业完成所有的事情，从联系投资方到帮他们找办公地点再到管理培训。还有另一种略有不同的孵化器，叫作加速器，是面向已经开始运作，但尚在创业初期的公司。孵化器和加速器帮助建立了许多新兴企业，尽管这之中很多企业都会失败，但它们投资的企业中只要有几家成功，就足以收获高额利润。

另外，如今投资新兴企业是一件值得炫耀的事。就像在纽约，身份的象征是在汉普顿富人区拥有一幢豪宅，在洛杉矶是拥有一辆劳斯莱斯，而在硅谷，身份的象征是你投资了几家公司。

就像我在前文提到的，现在在硅谷，投资人与新兴公司之间的数量对比比例很高。人们说（这不全是开玩笑）现在他们手里的资金比可以投资的新兴公司还要多。

第一波创业者的成功给后来的创业者奠定了基础，因为后者已经不再需要在黑暗中重新摸索。

新兴企业的亚文化中，人更少，交流更顺畅，也就更容易找到投资人。这个圈子很小，很多投资都是基于个人关系筹集来的。这并不是因为友谊的关系，因为即使是朋友，也不会浪费钱投资在无用的点子上，而是由于投资人之间彼此联系密切。比如优步一开始的投资就是来自一群彼此关系很好的投资人。

在经营Kiip的5年中，我大约有过30个投资人。其中没有谁是突然出现的，总会有一个共同认识的人将我们联系起来。

即便如此，随着资本过盛，联系人的价值正在降低。现在想要认识一个人太容易了，尤其是有那么多可以参加的社交活动，比如："是啊，我认识布赖恩，我在奥斯汀请他吃过一个冰激凌。"几年前这样的话可能还会起到一些作用，现在他只不过是 100 万个可能的联系人之一。

即使没有联系人，你在第一轮融资的时候，也还有其他方式可以证明自己的信誉度。投资人会想知道你以前服务过的公司、你的成绩、你以前是否创立过其他公司、你现在为什么不在那里继续工作了、你以前和现在的同事。还有其他一些更为抽象的指标来证明你是否值得投资，比如："你是否能承担风险？""你创业的动机是什么？""你的五年计划是什么？""你的理想是什么？""你崇拜谁？""你在Instagram上会发些什么？"

他们会同时衡量你本人和你的项目。他们知道创业初期的想法可能不会是你的最终目标，因为当你扩大公司规模后，企业环境也会有所不同。就像我的投资人约翰·卡拉汉说的："创业的想法可能会失败，但是创业的人不会失败。"

如果投资人感觉你的人品可能有问题，即便你的想法再好，他们也绝不会投资。他们在寻找能带领整个团队、有始有终地实践自己想法的人。他们想要的是一个有奉献精神、有灵感、有信心，并且能坚持不懈的人。投资人已经有足够的资金了，他们想要找的是热情。

所以无论你选择以什么方式筹集资金，是通过像Kickstarter

这样的众筹网站，是Y-Combinator这样的孵化器，还是更加传统的方式，不要以为你拿到这笔资金只是因为现在筹集资金太过容易。自古以来通用的规则在现今社会依然适用：别人为了赚钱才给你投资。

我的建议是：做一个让别人认为你是值得被投资的人。

谨慎地选择你的投资人

我喜欢Kiip的投资人。因为他们给了我资金？不是，因为他们都非常优秀，这也是为什么他们会给我投资。

大笔的投资金额是很难获取的，尤其对于新兴企业来说，但是很多创业者没有意识到资金是可以从多种渠道获得的，就如同杰出的创业点子可能是各种灵感启发后的结果。重要的不光是要筹集到资金，而是要找到与创业者合拍的投资人。

我与投资人就很契合，我也非常努力地成为能与他们比肩的人。无论是在爱情、友谊，还是在工作关系中，如果能找到那个和你相配的人，不可能不喜欢他们，不可能不认为他们是很棒的人，你们有共同的目标和兴趣。

但是这种感觉必须是真实的。你不能假装喜欢一个投资人，好让他给你投资。首先，这些人太聪明了，如果你不喜欢他们，他们一眼就能看出来。他们每天都会听到无数提案，脑子里都已经自动安上谎话识别装置了。他们经历过太多的事，很可能在你意识到之前，就能判断出你是不是合适的投资对象。

你在道德和情感上都得处于同样的波段，你得有同样的兴趣和基本的才智和能力，还要有相似的愿景和同样的热忱。

听起来是不是就像婚姻？

就像婚姻伴侣或者关系特别密切的朋友，如果你不喜欢他们，没办法假装喜欢，更没法强迫自己。如果你想找到完美无缺的伴侣，我能给的最好的建议就是永远不要结婚。不要以为你能改变什么人，不要因为某一个品质就去追求对方，不要改变自己去博得对方的好感。对于商业投资人来说同样如此。

我喜欢我的投资人，有时候我对他们说的话比我对母亲或者最好的朋友说的还要多，尤其是在双方刚认识的那段时间里。但这并不意味着投资人就是我最好的朋友。我们关系很好，但重要的是这种关系必须保持在商业层面。因为如果投资人和你私交过密，就会影响他们要做的核心事务。他们有自己的目标和日程安排，毕竟投资人是为了追求回报而投资的，而不是为了听你讲你的困扰或安慰你。

要保持投资人和创业者的良好关系，最重要的基础是什么呢？是彼此坦诚。这就是为什么我让投资人看到我的公司运营过程，就像我有时和顾客分享我的计划一样。我给他们看我的6个月计划，让他们有参与感，并且感受我的热情。让别人加入你的核心圈子是增进感情的最好方式。

如果他们在某一个想法上启发了我，而这个想法最终成功了，我也能在他们的双眼中看到那种光芒。这不仅能让彼此感觉良好，也同样有益于企业。

和保持坦诚同样重要的是，要划清界限。我非常尊重他们的建议，但我也不认为他们像我一样了解自己的企业。如果他们真的那么了解，对双方来说都会是一件可怕的事。我才是那个每天战斗在第一线的人，所以也不会有不切实际的想法，认为他们能回答每一个棘手的问题。如果我这样想，就很容易会被别人带着偏离正确的方向。这些人并不会像我一样有时间和相关信息去谨慎地考虑自己的想法。

我的投资人包括Relay Ventures的凯文·塔尔博特，True Ventures的菲尔·布莱克和亚当·道杰利，Hummer Winblad的拉尔斯·莱基。我喜欢他们的另一个原因是，他们没有乘人之危。这不全是为我着想，也是为了他们自己的长远利益考虑。在首轮种子期的融资之后，我进行了第二轮上升期集资。投资人当时可以很轻易地用同样多的投资额向我索取更多的企业所有权。我可能也会接受他们的条件，因为当时我还很懵懂，从某种层面上来说并不知道自己在做什么。但我的投资人足够聪明和正派，并且清楚如果这么做了，他们就不只是投资人了。这些人在公司占有的份额会比我多，这也许会让我失去对企业的热情，或者让他们取代自己这个在一线指挥的人，去做一些决定。如果企业的业绩最终超出我们的预期，他们也会担心我申斥他们在一开始的时候没有考虑我的立场。

现在我们的很多梦想都已经实现了，我对此深表感激。我是投资人最忠实的粉丝。当他们试图达成其他交易的时候，我总会为他们担保。对一个投资人来说，谁会比他们的投资对象更适合做代言人呢？

我的投资人另外一个精明而体贴的决策是没有撤资。投资人有时会说："如果你改进一下这些地方，我就会投资你的企业。"而当新兴企业回去重新设计、再回来的时候，投资人却说："我觉得现在不是投资的好时机，还是算了吧。"他们浪费了你的时间和金钱去整改你的商业模式，却并没有投资。

我在其他章节里已经提到过团结一群核心支持者的重要性，而你的投资人当然应该包含在这群人中。如果你在犹豫要选择哪个投资人，我的建议是：选那个你想与之共度接下来 5 年时光的人，而不是那个能给你带来短期利润的人。选那个喜欢你，而你也喜欢的投资人。选那个会说："创业的想法可能会失败，但是创业的人不会失败"的人。

这个理论是双向的。如果你找到了合适的投资人，你的投资人也就找到了合适的投资对象。

去博物馆吧

博物馆是人类历史上最伟大的骗局之一。它精心展现出了浩瀚的文明中最核心的部分，却没有揭露文明背后的代价。它就像补充脑力的维他命药物，是一种被提纯过的神经营养物质。

它给了你的大脑无尽的想象空间。你最终将以一种全然不同的方式看待这个世界。你甚至不需要看完每一个展览，或者听导游讲解。就在你漫步和思索的过程中，博物馆就会感染你，虽然这并非出自你的意愿。

如果你让思绪沉浸在这种感染之中，它可以模拟一个虚拟式的重生，让你回到幼年时那些最早的瞬间。那时你的大脑承载着那么多的感官，你不得不整理思绪才能让理智正常工作。

参观博物馆就是去感受历史长河中的一瞬，浏览远方的剪影或者体会你永远无法成为的人的心态。

如果你愿意，这能鼓舞你。

如果你不愿意，这就是浪费时间，对于那些无法沉浸于此的人来说，不过就是一场无聊的实地考察。

当然“inspiration”（鼓舞）还有一层生理学上的意义，指的是呼吸，打开你的肺部。所以去参观博物馆吧，站在艺术作品之前惊叹，不论这一作品是视觉上的还是科技意义上的。深呼吸，吸入艺术的元素，呼出废气，你会由此变得不同。

我在近百个国家参观过上百个博物馆，这是我最喜欢的休闲活动。

我走进博物馆时睁大双眼准备饱览盛景，走出来时内心充实、思想开阔。如果我足够幸运，心灵也会因此而敞开。

不要局限于非是即否的解决方式

人们知道我不太容易惊慌。每次有类似世界末日这样的危机降临到我们公司、公司的某个人或我们亲近的人身上，大家就会惊慌失措得好像头发着火了一样，而我一直保持冷静。

人们会以为那是因为我已经看过太多、经历过太多了。是的，我见过很多事，但不可能见过所有的事，我才 24 岁。

但是我会在脑海里预演所有的情况。我总会仔细思考，准备好备选方案，知道什么时候应该退出、什么时候应该全力以赴。这就是企业家的习惯。

企业家无法和在大公司打工的人获得一样的安全感，所以我们已经习惯于在面对不稳定的现实时保持镇定。我们不会在我们所拥有的东西或目前的利润状况中寻找安全感，这不过是安全感的表象。真正的安全感源于我们的内心，这是一个更加精神化而非物质的概念。

告诉你一个在内心保有安全感的好方法：学会寻找第三种方式。

表面上，大部分问题的解决方式都非是即否：投资或者撤资，丢弃或者保留，花费或者节省。这种古老的分析方式是西方文化的古典理性思维模式，它非常古老，源自苏格拉底，自他和学生在树下讨论他们试图从神话与情感中分析出理性之所在。

但这已经不是解决问题的最佳方法了。现今时代无尽的云信息已经摒弃了这种古老的思维方式，因为你只需要轻轻一点，就能找到各种不同的全新选择。杰出的企业家会有足够的创造力，能在他们的脑海里完成这个点击。

找到第三种方式是最新的解决问题的经典方法。

你几乎不会在一开始就找到第三种方式（无论是真实的，还是比喻意义上的），它需要额外的思考、研究、创新、规划、安排和跳出规则之外。它的确存在，只待你去发现。

第三种方式不是中间地带，并不意味着妥协。这一概念源自 20 世纪 50 年代，作为一种解决政治问题（主要是右翼势力对抗左翼势力）和经济问题（主要是资本主义对抗社会主义）

的方式。“妥协”和“中间地带”是它的早期含义，但现在这个概念早已经有了全然不同的意义。

对直觉和创意性的问题来说，寻找第三种方式可能更多的是一种艺术，而非科学，但从纯理性角度出发也可以找到它。

能否发现它取决于你的意愿和想法。当其他人已经放弃的时候，你还在寻找。永远会有另一种选择，如果真的找不到，你也可以创造它。它可能会涉及一些尚未发现的因素或者资源，也有可能这种解决方式在之前不可行，但是现在可以了。它可能会来自最意想不到的地方，以一种最意想不到的方式发生。这是企业家能找到它的一个原因：企业家有胆量尝试，他们能飞到认知领域的高空。

就像其他很多事情一样，熟能生巧，至少能让你的技能更精进。当你持续这样做了一段时间之后，寻找第三种方式就开始成为一种惯性，甚至开始变得有趣了。这时你就能为每一种可能出现的危机做出应对方案，并找到每一种当下的可能性。这几乎变成了你的习惯。

这就是企业家保持冷静的心态：“管它什么危机，我都不怕。我见得多了。”

想象一下，如果你这样做会怎样

最受打击的事莫过于，当你精心准备了一篇演说准备去打动观众时，结果他们只呆呆地看着你或者明确地告诉你："我没听懂。"

为什么会这样呢？

在本书里，我会告诉你这是因为人们缺少想象力。或者更具体来说，是缺少好奇心。如果人们很好奇，他们会找到一种方式去想象它。

好奇心是所有雄心的来源。好奇心就是想象："如果我能做一些事改变自己的生活会怎样？如果我能改变世界会怎样？"

这就自然而然地引出第二个问题："我应该怎么做呢？"

没有什么比好奇心更能点燃人类的精神之火了。好奇心的力量甚至凌驾于大多数原始情感的力量之上，因为它处于一个比情感更高的层次上，它是一种将情感和理性融为一体的超然的心灵状态，充满了探索欲。

但是对很多人来说，他们没有探索的欲望，只看到眼前存在的事物，也知道有些现在不存在的事物日后可能出现，但这对他们来说没有任何意义。

我也认识有些人多年来一直思考同样的问题和想法，因为他们总是对其中的一些东西感到好奇。当意外惊喜来临的时候，他们就会突然看到全新的东西：一种更好的解决方式——第三种方式。

有时候我们称之为灵光乍现，它似乎总在不经意的时候到来，就像早期希腊、罗马文化中对天才的认知一样：天才来自精灵——一种外部（而非内部）的魔力赋予的特殊而短暂的力量。但是真正的魔法之源不是精灵，而是好奇心。

正是好奇心促成了我生活中最重大的改变，而当时我并非在刻意思考创业问题或者发明创造。我看到玩手机游戏的那些人在广告弹出的时候表现出明显的反感。然后我就想："如果有一种人们喜欢的广告会怎样呢？"

好奇心带来了更多的好奇（就像钱生钱的道理一样），所以我又想："那样的广告该是什么样子呢？"

好玩的广告？有人已经做过了，而且它只会在头几次出现的时候让人感觉有意思。吓人的广告？恐惧能引起人的注意，但是没人会喜欢它。幸福的广告？它们会和好玩的广告一样，几次之后就会让人厌倦。让人难忘的创意广告？只要它是一个广告，人们总会想办法忘了它。

这个问题勾起了我的好奇心，让我日夜不安。

如果你有足够的好奇心，其他事情只会水到渠成。

对我来说，好奇心促使我创建了Kiip。

现在我就可以分享这个最初的好奇心，让客户和我一样相信我们的愿景。

我出席销售会议，也会让别人思考这个问题："为什么每个人都会拒绝你的广告？如果你能投放一些人们真的会回应的广告会怎样？这种广告应该是什么样子？"

然后他们会问："那么布赖恩，这种广告应该是什么样呢？"

我告诉他们："不要只把它当作广告，这不只是广告，更是一种回馈。"如果广告只是一种不会给顾客留下任何印象的形式，那么将来的广告业自然要与现在截然不同。

这种说法每次都能引起他们的好奇心。